大夏书系
十年经典

# 教育是慢的艺术

## 张文质教育讲演录（第二版）

张文质 著

上海
著名商标 华东师范大学出版社
ECNUP
上海市 全国百佳图书出版单位

# 目 录
**CONTENTS**

最少的，或者可以说变化的是人，是我们自己，是我们的学生，而不是那些"制度"，以及"制度执行人"的僵硬的面孔。

我觉得所谓的"好教师"，他一定要有自己的独立的价值判断，在今天这样的教育格局中，他能够"有所为有所不为"，始终要有站在人类正义和正道一边的意识，好教师"应该比热爱自己的党派和教会更热爱自己的学生"，能克制自己，不做不义和羞耻之事，要尽量去减轻教育的痛苦，能坚定地站在孩子身后，做他们生命的保护人和精神的范本。

我们可能要思考另一个问题，孩子的成绩提高了，这个成绩对孩子的未来有没有意义？在提高孩子的成绩的过程中我有没有做了一些不人道的事情啊？这样我们可能就有更多的反省。这一步一步的反省，还是有助于我们作为一个教师能够做得更高尚一些，能够做得更对得起孩子、对得起社会、对得起我们自己的良心。

遇上好教师不仅是孩子的福分，甚至也是一个家族的福分。如果我们有这样的福分，我们一生都会有很好的方向感和一种可以汲取的并能最后转化为自我提醒、自我督促的力量，我们的生命会始终围浸在人性的光泽之中。

用你的力量去做你认为有价值有意义的事情，
你努力去做，做多少算多少。要让学校成为温馨
的家。一个人要是对社会绝望了，可能是对至爱
的人绝望了，他才会如此。所以，我想，要想改
变一个大的环境大的氛围很难。但是，如果我们
的学校能够多少有自己的个性、有自己的文化理
念，这个学校即使暂时很困难，但也会有一种温
暖人、促进人的力量。

要让这么一种顽强地活着、努力让自己活得
更好的理念成为我们课堂中最重要的、最激动人
心的内容。所以在我看来，教育最高的境界就是
要培植每一个人对生命的敏感，对生命的珍视，
包括对生命的敬畏感。

**附　录（5—205）**

张文质教育断句 83 则

张文质无题诗 16 首

张文质短诗 4 首

# 理解就是一种勇气

——为《教育是慢的艺术》第二版写的文字

　　《教育是慢的艺术》的第一版既无前言也无后记，其实我遵循的是自己更喜欢也更为简洁的一种方式：只要一打开书，你就听见我在那里说话了。

　　这些记录下来的文字都带有很强的现场感和即兴的色彩，因为我更喜欢、可能也更擅长的就是这样的一种言语方式：我看着你，某种我们共同景仰的伟大事物引领着我们，在充满情谊与信任的氛围之中，我说出所见所闻所思所悟。我深信在我说出的话背后，也牢固而镇定地隐藏着我所经历的岁月的朴素现实，不是我说出了心中的感想而感到生命是充盈的，而是，因为我努力去觉察生命中的一切，我才如此渴望与你分享自己感激的心情。教育从来都是复杂、丰富、沉重和感人的。教育使我成为谦恭而又充满矛盾的一个人。

　　当我提出"教育是慢的艺术"时，表达的是我对教育的理解与信赖：教育终究是基于生命和贯穿生命的，因而，它最终能够以更美好的生命的方式，缓慢而坚定地证明人性的胜利，证明我们内心对自由、光明、幸福不可扼制的渴求。谁专心致志于自己的事业，谁就能够把这样的信念坚持更久。

我也深知这是需要不断被重复实践的话题。当你一次次忘乎所以地投入自己时，它仿佛就不再是简单的重复，而是变成了一次次对生活的历险与冒犯。而任何时候勇气都是需要的，同样我们也有勇气承认内心的恐惧和犹豫，承认我们所能期许的改变实在微小，承认我们时常就挣扎在各种得失、利害、欢欣与沮丧之间，而在这样的认知中，我们也许就能获得更多的智慧。

这样，它便是一本"可能"之书，既是关于现实的又是朝向未来的廓开，既是教育的又是人的每天的生活——"发展"这个概念不仅仅是一个线性的过程，更是我们内心从艰难时世中撷取的精神特质，一种把生命特别是肉体带到更高卓处的需要，每个人恰恰是通过自己的误读而完成了对教育谨慎的改写。

张文质

2008 年 12 月 5 日

到北戴河作讲座后游山海关

# "消极"是我们最可怕的敌人

在福州"1+1读书俱乐部"刘良华
《教育自传》月谈会上的发言

请大家允许我插个话。刚才听博友们的发言，想着这些年我在学校的所见所闻，同时也想着自己的生活，我突然意识到——我要把这句话强调一下——我们最可怕的敌人就是对一切事物的消极心理。这种消极已经进驻了我们的灵魂，成为我们的思维方式、生活方式。我们经常会情不自禁、甚至无法克制地以这样的方式处人、处事、处己，却不自知！

你看，我们作为教师，何曾能够由衷地、无条件地、不假思索地去爱一个孩子，去爱每一个孩子，无条件地肯定一个孩子来到这世界上一定有他的神圣的、任何人都不能怀疑的理由，每一个孩子都有任何人无法代替的独特性、唯一性，任何一个孩子都是他自己的最爱，这种最爱也应该得到所有人的尊重和理解？我们太习惯用分等的方式去看待人了，也太习惯用贬低人、批评人、歧视人的方式去"教育"学生了，在座的各位老师谁不曾受过这样的教育，又有谁未曾用这样的方式对待过自己的学生？刚才李老师说军训时，一个女生肚子疼得脸色苍白，直冒虚汗，动弹不得，她的年段长看了又看，却说是不是孩子在装病？陈老师说和她配班的老教师在班上对学生一口一个："这样的问题你也不懂，怪不得你只配考到这样的学校！"这样否定人、打击人的例子在学校真是司空见惯，举不胜举，实在是太多了。我们太喜欢自己的"坏心眼"了，也太习惯于用"坏心眼"去对待自己的工作了。这种"坏"早已成为一种习惯而从未为我们所自觉意识到，它的摧毁性就更加可怕。当我们自然而然地以否定的、贬斥的、不信任的心理看待学生以及其他一切人与事时，你还真难以对自己"自然而然"该当如此的言行作出自我怀疑的评价，很多时候甚至还会为自己"发现"了学生的这些"装病"和"只配"等等问题而洋洋得意。我们什么时候才能学会"肯定、尊重、理解、激励和赞美"呢，什么时候才能把这样的理念变成我们自己的生活方式？

说到这一点，我也深感惭愧。今天中午和海滨、"白水"他们一起吃饭，我一看到"白水"，看她人很瘦却穿着短裤，显得更瘦了，我马上就说出了自己自以为是的感受，真要命啊，这也说明当我现在说这些话时，我也是说给自己听的，我实在也有很多值得反省的地方。我们看人瘦不顺眼，看人胖不顺眼，看人丑不顺眼，看人漂亮不顺眼，看人聪明不顺眼，看人笨也不顺眼，总之，几乎处处不顺眼，几乎处处都是以自己极为荒谬的评价标准为准绳——而且时常一看首先映呈出的就是自己的"坏心肠"。——比如，我们看见一老先生娶了比他年轻很多的女子，马上想到什么，婚姻不会长久，女的一定图谋钱财，老头子肯定疯了，等等，实在很难想到对人的理解与祝福啊，这难道不是一种根深蒂固的消极心理？在这样的负面文化之中生活与成长起来的人怎么能活得舒展自信，为自己而活，活得像自己？

我说的第二点就是，这种的"消极"也是我们对待自己的最主要的方式。我们这个社会很少有信心满满的人，刘翔算是一个，我把他看作是真正的新文化的代表。钱理群先生曾说过，今天就是在北大也难以找到几个狂妄自大的人了。我们爱说的是，"低调"，"枪打出头鸟"，"夹紧尾巴做人"，而实际情况也正是几乎人人自卑，人人都习惯了怀疑自己，习惯了一下子就做"最坏的打算"，习惯了一眼就看到"阴暗的部分"。刚才我提醒各位博友，对自己的文章不要说"随便抄几个例子"，其实你是经过认真思考的，我们不要"过于喜欢"这样的"自我贬低"。我说要是刘良华博士说到自己，一定是"我经过深思熟虑，最后决定选择这几个例子"，你在他的博客上可以看到很多这样的表达，他自信、尊重自己的工作，我喜欢他所下的断制，甚至也喜欢他的似是而非，似非而是。有智

在教育中最令人厌恶同时一定会诱发人与人相互仇恨的，大概就是各种形式不断翻新的压迫。这是教育最严重的弊端，它对人的善性、梦想、创造力都具有影响极为深远、毁灭性的打击力量。这是权力体制下愈来愈深重的病毒。在这种以压迫为能事的体制之中，不可能有人与人之间的信任与忠诚，也不可能有人的尊严与平等，同时从根本上我们也不能相信在压抑、扭曲的氛围中还能存在着真正的对话。没有对话，就没有教育的开始。

《教育的十字路口》

慧有勇气的人，才能有属于他的富有魅力的"偏执"，这是这个人的可爱之处。今天，我们谈论他的"教育自传"，我看重他的自我认同，有了这样的自我认同，你才能直面人生，直面教育，也才能敢于反思自己，反思自己所受的家庭教育，你看他笔下的至亲至爱多么活灵活现，有时甚至是那样的"丑而可爱"。可惜这样的学者真是少而又少。

我也是经常这样反思自己的。我觉得自己虽然基本上走出了自卑的洞穴，但是仍然时不时的以一种消极的暗示左右着生活。怎么说呢，我们本来都可以生活得更好一点，更阳光一点，但是在行动之前，我们太容易想到失败，想到各种各样的困难了。这样的"消极文化"，使我们极易妥协、气馁，极易沮丧、怨恨，极易退缩、丧失活力和主动性，所以我们常常是想得太多，"傻劲"却太少，太关注结果却无法享受过程、肯定过程本身对生命的意义，我们常常就是这样变得既自卑又功利的。

我是这样想问题的，先不要把什么事一想就想到孔夫子那里去，想到两千多年的传统中去，想到体制上去；我们还是先想想自己，就个体生命而言，最大的责任还是在我们的身上，让我们时时提醒自己，克制自己，改变自己的否定性思维，让我们一点一滴地变得阳光一点，积极一点，主动一点，努力着慢慢地使自己成为建设性文化的一部分，成为赞美文化的一部分。

2007 年 10 月 6 日

# 教育的勇气

在"生命化教育"12人研
究小组五年聚会时的发言

今天的教育已经被打得落花流水，我们能做的也许不是对教育的想象，而是只能提醒自己这就是我们生存的现实，不是我们只配这样的生存，而是我们"恰好"掉到这样的历史缝隙，有时能够探讨的不是它的未来和进路，只能是在这样的"洞穴"中怎么生活。每个人生命都是一个限度，每个人的存在都是一种命运，每个人都无法跳过你只能面对的限制，每个人的"过活"构成了这个时代的生存图像，每个人最终是为自己活着的，怎么活最终也都成为了你自己。

当我坐在自己的办公室，我可以阅读、发呆、信手写作，我几乎还可以"忘却"，但是一走到学校的现场，这种放松感和舒适感便完全丧失了。比如上星期到了几所学校，听课，调查，对话，我感受到了难以言说的焦灼——学校天天都有各种各样的检查，校长焦躁不安，教师全体行动，每周都有"应查"总动员。有位校长告诉我，他统计了一下，一年之中各种检查、汇报和参加上级召开的会议总共有293次之多。有时我会感慨，今天的校长好像专门准备着开会和布置任务的。还有一位校长告诉我，开学一个多月，

根本就没办法进教室，开会、应查，各种各样的工作协调没有间断过，他怀疑自己是不是能力出了问题，为什么就成了"开会主义者"、"事务主义者"，还谈什么苏霍姆林斯基？他说上个学期为了"双高普九"，终于累倒住进了医院，躺在病床上真的对自己的人生价值产生了前所未有的怀疑。但是这样的痛苦不仅曾经存在，今天依然存在，明天还将继续存在。

现在我们普遍揪心的就是，何时才能看到教育真正的曙光，教育何时才能够走到教育所应当走的正道上？可是谁又能回答这样的问题呢？也许我们只能说，

**无题（一）**

半睡半醒中

我意识到

对生活所有的不放心

都随着年龄

变得越来越淡。

下午我走到温泉公园，

看着榕树，

想一想晚上要写的文字，

心就变得很暖和。

我们期待着社会的渐进渐变，也期待着教育的渐进渐变，我们的生命便在这样的期待和残酷的应对中也渐进渐变——很多人是更老更不抱希望了。现在我不得不说，我越来越理解教师的生存状态，精神状态，以前到学校看到这样的景象，可能更多的是难过甚至会有些生气，怎么活成这样啊，现在却想着不这样还能怎么样，心里满是悲情。并不是谁愿意自己灰头土脸，丧失热情的，更值得审问的确实是今天我们生存的"背景"，掌控着我们的可怕力量。觉醒者、挣脱者肯定少，觉醒者同时又是挣脱者则是少而又少。哈，我甚至怀疑有这样真正挣脱的人吗？有一次和钱理群老师通电话，我说我又回到对鲁迅"铁屋意象"的思考了，是不是"觉醒过后会更为痛苦"？或者觉醒之后要么离开要么精神特别地撕裂、孤独，人生更为失败？人人都希望自己能得到调适，生命变得更为平衡、圆融，人人都希望健康、安宁、平和、丰富、舒适、有归属感、以工作为荣、以工作为自己的人生愿景，可是，这其实多难啊！焦虑、痛苦、内疚、虚无好像要压倒了我们。每次走进学校，我也需要调整自己，其实我一直都在教育之中，只是在学校与不在学校，确实又不大相同。有时你是

目击者，你的眼睛就是精神照相机，你就是中国教育痛苦历史的一部分——这样你也许才能更多地想到你能为这样的存在做些什么，你在痛苦之后，才能更有勇气，更顽强，你才知道对这所有的一切你也是一个责任人。

我的一个大学同学前年突然异想天开，把孩子送回老家的乡下中学读高中，说是需要让他变得更能吃苦更坚强，但是一个学期之后，孩子几乎垮了，疯了，不仅无法适应学校的"生活"，而且对所谓的"学习"也完全丧失了信心。你说要适应还真是难呢，每天早上六点之前起床，学校的早读是六点四十分，中午只有一个小时的吃饭与"休息"，晚上的"晚自修"要到十点半，然后回家继续做作业到十二点多，一周就星期天"放假"半天。我的同学还疑惑怎么乡下的孩子都能适应，我说乡下孩子是否适应我们先不要臆断，但至少他们是"训练有素"了，早早就过上了这样的生活了。今天这样的"生活"是不是已经成了学生主要的存在状态？有哪个部门检查过他们的睡眠时间？我女儿也曾告诉我，读初一时，伏在桌子上往往睡不着，初二时伏着一会儿就睡着了，到了初三则是一伏下来马上就睡着了。一个儿童睡眠严重不足的民族有多么可悲！我们难道真的有勇气直面它吗？今天应试教育的灾难不仅仍在继续加深，而且已经越来越理直气壮，成为荣耀，成为政绩，成为赢利的工具。普遍的痛苦遮蔽了每个人的痛苦，普遍的痛苦在无法审问的情形下，个人的痛苦更没有人"凝视"和问询了。我们不相信泪水，不相信未来，不相信人的肉体和精神的需求，我们也不关心如何才能疗救、减弱痛苦，更不关心哪怕一小步但有耐心的变革终将有它的意义。在分数才是硬道理的情形下，几乎要把所有的初高中都变成考试集中营，变成精神废品的加工场，还洋洋自得不以为耻。你可能会觉得我说得过于沉重，而我却觉得自己实在无法说出教育真正的灾难，无法说出孩子心中的悲哀和无数教师的痛苦与绝望。很多时候，我们考虑更多的是个人安稳和富足的生活，当然我们可以这样考虑与追求，但是我们绝对不能对自己孩子的"受活"状态一无所知，麻木不仁，甚至火上浇油啊！

最后我要说的是，我们要反抗历史决定论，要反抗价值虚无主义——我们要努力回到生命当有的更坚韧的立场，回到作为个人的承担——观察、记录、思考、对话、写作，努力做一个行动者，我说的是，对生命的广阔与精微能有更多的了解，努力培植自己更丰富的教育智慧，努力不使自己变得迟钝、衰竭、愚蠢、丧失热情，努力从自己具体的工作中生发更多的生命热度与温情，相信自己就是相信灵魂未死的价值，哪怕一点一滴，不是"逃向苍天"，而是回到尘土既受苦又痴迷于自己笨拙的努力。

我们这个12人的研究小组，不知不觉之间也走过了四个年头，现在正迈向第五年。五年时间，我们为什么而努力，我们生活的变化到底有什么样的教育意味——从林高明家龙眼树下的生命化教育思考开始，我们还记得2003年8月15日那个夜晚的星光、蝉声、水声、田野的气息和戴燕燕的歌声，时间拉开了一个小小的富有

从1997年开始，我常常在各类教育集会上，开讲有关教育中人文精神的话题。每次讲课我都会留一些时间请听讲者提问题参与讨论。有时会收到教师这样的字条：你的讲座似乎首先要让我们的教育局长以及相关的领导听一听，否则，我们这些砧板上的肉也只能对学生"不再宽容"！

《教育的十字路口》

启示性的长度，我们再一次回到对自己生命的思考，我们也回到了明天一个新出发点上——这一切恰好都发生在我们的身上。

2007 年 10 月

# 有效教学的真义

在福州十八中市级教学活动"新课程背景下课堂教学有效性研究"专题研讨会上的发言

　　谢谢给我一个这样的发言机会。这两三年来，福州市高中的开放性的教学研讨活动，我参加了几次。因为刚刚从长沙回来，这两天在格致中学和福州十八中，我都没到课堂听课。前几次到学校参加活动我觉得，首先有必要的是，走进教学的现场，对教学的实际状况能有一个切身的体验。今天虽然没有听课，但学校给我送来了学校课题的一些资料，今天上午和中午，我把这些资料翻阅了一下。我感到这几年福州市的教研，特别是高中的教研活动，在教育行政部门非常明确的教育意识主导下，各个学校都试图呈现办学个性和特色。今天从林强校长的发言里面，至少给我一个感觉，那就是学校是有向学之心、向上之志的。在这里我也衷心地希望这所学校能办好，希望这所学校能承担更大的责任，希望这所学校能给孩子未来的发展提供更好的帮助。

实际上在中国目前的教育背景下，有两个因素是我们每天都要思考的。一个是应试教育，一个是威权体制主导的力量。在这样的背景底下，我们的改革是非常难的，有人说是带着镣铐跳舞，实际上这个镣铐就是我们最基本的生存背景，我们脱离不了这样的中国语境。昨天我对高山院长说，谈"有效教学"，我们实际上要回到中国语境里面来。有效教学的核心目标在中国语境里面是向高考、中考而去的，是为所谓的社会满意度服务的，是这样的一个价值取向。实际上"有效教学"是这两三年来，突然时兴起来的一个术语。我昨天参加格致中学的研讨活动，觉得学校教研活动的主题比较有意味。一个是"对话"，一个是"体验"，然后是"——有效教学"，然后再加上括弧，括弧里是一句话：基于新课程的网络教研。其实这些要素，这些术语和理念，正是中国当代教育的几个关键词，而当代教育在这些亮丽的词汇背后，它最要凸显的可能就是"有效教学"，是所谓的"令人满意的教育"。在这个背景之下，学校一方面希望能够有自己的办学理念、办学特色；另一方面，它又必须有所选择、有所妥协；有所进取、有所放弃。从林强校长的报告中，我们可以看到，他

## 在逆光中行走

1. 你如果表达太急，别人注意到的只是你的语态。

2. 如果我能在教育田地中，播下一个新词……

3. 人的精神成长是朝向死亡的，如同海边的茅草，他们都有相同的被吹拂的方向。

4. 我们必须培植一种坚忍的品格以应对各种挫折与打击。我有时候也会这样夸张地表达。

但是我还是错了。我们时常把各种迫害当作了命运的考验，从而不自觉地减弱了对邪恶的警惕和抵抗。

5. 我最大的愚蠢也许就是说得太多。

6. 清明节回到乡下，我从家里养的"威威"身上再次证实一个观点：其实你并不知道你养的到底是一只什么样的狗？

7. 昨晚我梦见了倒下来的自行车压在我身上，然后就在梦中意识到该有人向我拔出刀来，后来果然是这样。但是这样的梦还是让我受了惊吓。醒过来后我确实希望有个能够圆梦的人。不过一想到全家平安，我就没有任何企图了，我一下子就明白所私欲的愈小你就愈容易获得。

8. 我既不会因为自己的不完美而感到不幸，也不会把任何痛苦都当作不幸。

们向山东的先进学校学习，向江苏的东庐中学学习，向在应试教育背景下探索有效教学并取得成功的学校学习，向福州市的名校学习，同时凸显本校名师的个人的教育教学风采，这些都是在很艰难的情形下迈出的微小的一步。当然我希望这微小的一步能坚持下来，比如说今天讲到的南京的这所学校即东庐中学，"讲学稿"已经坚持了十年，非常不容易。

我上一次到山东济南的一个区讲课，我说一所学校新校长上任之后首先要"变革"的时常是上一任校长的传统。一项教育变革项目很难坚持，一任可以坚持，两任就难了，坚持三任以上的屈指可数。后来我问教研室的主任：你们区里的学校有没有一个课题实验或改革项目坚持了十年以上的？这个教研室主任私下里跟我说：张老师，大概只有一项，就是升国旗仪式坚持了十年以上。这是我们教育的可悲之处。我非常希望学校的某一个课题实验，能够成为学校的一种精神力量，能够成为学校的品牌标志，能够成为学校凝聚教育智慧、教育意识和教育能量的文化中心。可能校长会一任一任地更换，但是学校的传统不轻易更改——当然今天的学校是否有所谓的传统也是值得探讨的问题——学校的工作其实就是在大家已形成共识的"正道"上的不断努力，从能够改变的地方开始——慢慢积累我们的教育智慧，形成新的理解力，用心地一点一滴地做着改善教育的工作，这才是想大问题、做小事情，把大问题想清楚了有助于做小事情，甚至只有把大问题想清楚了才能下决心做小事情，才能把小事情做出一种境界

9. 彼得宋是另一种观点：你可以改变一个世界，比如建筑、音乐、甚至气候等等，但你实在不可能改变一只狗。

10. 如果我们能够把生命行进的速度减慢下来，就会看到更多真实的图景，以及真实的图景投射在地上所形成的美丽的幻景。

11. 有人曾说到童言中的冷酷，对教师而言这是会经常遇到的。

《在逆光中行走》

来。能够这样去用力，当然是善莫大焉，功德无量啊。

今天就是从整个福建省来看，也只有传统"名校"，这二三十年来还没成长起新的"名校"或者所谓的"品牌学校"。刚才我听林强校长发言时想到，我们很多初中学校的办学，仍然没有走出——这里就用我自己杜撰的一个说法——就是"世袭性的遗传优势"，比如像福州十八中，初中的生源如果不和鼓楼第一中心小学对接，学校就很紧张很担心。现在市区几所"优质初中"，靠的主要还是"优质小学"的生源，那么初中学校是否有自己真正的办学优势，是否有自己特别让人称许的"学校文化"呢？这当然是值得大家共同思考的问题。

实际上我们的初高中教育关注更多的也还是"应试场上的竞技能力"。学校的升学率，班级的排名，每个学科教师教学的排名等等，才是学校的主要"文化"，或者也可以说是"办公室的政治"。谁关注除此之外的学校文化倾向呢？一方面可以说是"情势所迫"，另一方面"没文化"是我们这个时代的普遍特征，粗糙、单调、无趣、生硬成了共同的风景。当然教育的进步也急不得，这近50年形成的"文化"，你不可能几年之内就把它革新，甚至你很难指望在我们这一代、下一代就能有多大的改观，哪怕我们已经动手做这样的努力。日本教育学者佐藤学认为，教育是文化的一部分，这种文化的变革越缓慢越好，因为只有在这种缓慢的过程中，才有真正有意义的东西沉淀下来，——文化的进展也总是要通过人来呈现的，——比如说我去一个课堂听课，我看到一位老师，其实看到的就是一种文化姿态，个人的、学校的、微妙又可感的，而从学生身上更是能够清晰地了解某种学校"人化"的文化品格。有一次我在福州八中听完课，我把我评课的发言稿整理成一篇文章：《以一个父亲的心情听课》。因为是一个父亲，就特别希望在课堂上看到的不仅是孩子在知识获得方面的收获，更重要的是他生命方面的状况，他是不是属于这个时代的，有自信力的、有表达愿望的、有分享热情的、有快乐的生命姿态的一个高中学生。我可以略带夸张地说，今天我们的教育不是为毛泽东时代培养人才，也不是为江泽民时代培养人才，甚至还可以说不是为胡锦涛时代培养人才，我们是为未来更美好的世界培养人才，这个人才应该是能够跟世界文化接轨的。这也应该是我们现在，我们整个国家的一种姿态、一种价值追求。希望中国人真正能够成为世界的一员，我们的文化能够具有一种开放性、一种先进性，也就是具有一种普世性。

当我们思考"有效教学"的时候，——就如我刚才谈到的，应试教育文化是我们前进过程中的一个巨大的、很难征服的障碍——我们必须在这个复杂而又矛盾纠葛的背景底下来思考学校的变革。第二点，在我们体制化强力的主导底下，我们能够作为的空间也很小，我们必须思考前进方向到底在哪里。

当然我刚才听林强校长发言后还有一个担心。林强校长刚才说到，福州十八中是拥有 5000 名学生的一个巨型学校，这是令人畏惧的一个数字，我相信林强校长为之脱发的速度还会加快，我相信只要是学校办公室给你打的电话，你一定会在第一时间接电话或者回电话，因为这5000人的生命、5000人的未来都系在作为第一责任人的校长身上。我想到美国教育家博耶说过一句话，他说他问过很多校长：30个学生和50个学生的班级到底有什么不同？很多校长说没什么不同。我不知道林校长有没有思考过类似的问题？林校长刚才说到高中发展的障碍、压力和困境的时候始终没有提到这个人数的问题。博耶说："当学生人数超过30人的时候，教师的注意中心就从对个体的关注转为对班级的控制。"这是至理名言啊！由此也可想到，在一所这样巨型的学校里面，要真正实现有效教学，何其难哉！

我常年坚持到学校听课，一年听100节以上，我每一次去听课都会记录下这个班级具体的学生数，因为我发现这个学生数的问题对教师构成了巨大的精神压力和身体压力。教育民主是和小班化联系在一起的，或者说真正的教育成效是跟小班化连在一起的。（今天福州市教育局的几位局长都在这，我说一句。）我作为一个学生家长，我真不希望福州有越来越多的巨型学校。我相信，小的才真正是好的，才真正是美的，才真正是人性的。所以我们福州市现在的教育改革，应该表现出一种勇气、一种决心，比如说像建设象山新校区那样，我希望有更多的优质的小学校，有更多优质的、有个性的、有品牌形象的这样的小学校。

回到有效教学这个话题。有效教学里面，有一个很重要的问题就是评价问题。其中相对更便于评价的是事实评价，比

12. 当我慢步行走时，就会对生活浮想联翩。

13. 机场、车站播音员的声音基本上是不付诸情感的，即使它传达的是歉意，所用的"声音"也与传达欢乐无异。但在特定的时刻，这样的声音一般并不使我们感到厌烦。

14. 不要害怕谈论教育，哪怕所有的谈论都有点徒劳，谈论也是一种存在方式。

15. "在琐细中发现爱。"

《在逆光中行走》

如说平均分，比如说考试结果，比如说各种学科检测。说到底要进行事实评价也是不容易的，而价值评价更不容易，因为价值评价更需要一种教育勇气，更需要一种教学智慧，也可以说它需要有一种超越精神，这样你才敢对像爱因斯坦这样 10 岁还不会讲话的人说：你可能会成为一个伟大的人。但是爱因斯坦当年的教导主任做不到这样。爱因斯坦的父母去向教导主任请教说我孩子 10 岁了还不太会说话，教导主任"安慰"说你们不要担心，你的孩子虽然好事干不了，但是坏事也干不了。其实他说的意思是，这孩子基本上是一个白痴。

所以在有效教学的范畴里我们要思考一个问题，就是所有的评价都有当下性和历史性。当下性评价是容易得出的，但是历史性评价是很难的。清代的所有状元，今天我们几乎记不住一个名字，而我们却知道许多落第的举人，比如龚自珍、曾国藩，包括洪秀全等等。就当下性评价而言，当时的状元当然是成功者，但历史地评价呢？有位教育界的领导人曾经说过一句话，她说中国教育要更多地关注一个人 25 到 40 岁在干什么，在过什么样的生活，在思考什么样的问题。这是我的第一个思考。

第二个思考，研究有效教学还需要有机地思考时代性问题。我到广州广外外国语学校讲课，知道这所学校从办校以来，一直开有一门课程叫"世界文化"，介绍世界上比较典型的一些民族、宗教、文化及政治制度等。学校有一个信念，就是从这里走出来的孩子会更多地走向世界，会成为世界的公民，成为人类的不太抱有偏执的价值观的一员。我想当我们考虑有效教学的时候，确实需要有一个当代的学术视野，反思能不能有效教学中融入属于全人类的普世性的理念，而不仅仅是比较狭隘的、功利的目标。我们能不能做到这一点？有没有学校具备这样一种教育勇气呢？这是我思考的第二个问题。

第三个问题，就是有效教学能不能真正促进每一个个人的发展。叶澜教授说，我们教育 20 多年的改革最大的麻烦在于缺少具体的个人。这个个人是最要命的，因为有时候学校的整体性成功不等于是每一个人的成功，我们能不能在大环境底下关注到每一个具体的生命呢？也就是说能不能对每一个个人有更多的生命关怀？一说到这个生命关怀，教育就显得有点悲情。因为我们有很多东西不可改变。对于一个孩子的发展来说，遗传不能改变，但是不要让遗传变成决定性的东西。从某种意义上说，教育就是改善遗传、改进文化；教育就是价值引导、自主建构。今天发言的这位语文老师的观点相当好，看上去好像没有什么理论性，但它在具体的实践层面给学生开了很多表现自己的窗户。高中是学生形成专业兴趣的阶段，不能让孩子丧失自己的优势与自信，这一点对高中课程来说是非常重要的。

说实在教育是很难的，我们生命化教育提出"教育是慢的艺术"，倡导"想大问题做小事情"。杜威先生在活到九十几岁的时候感慨了一句，他说我还是要承认教育是一门神秘的艺术。他探索了七十多年，最后还是回到了这一句话：教育是一门神秘的艺术。因此也可以说，教育需要我们每一个人都贡献出一点点自己的见解，提出一点点自己的思考。它不一定有价值，但是如果我们都能成为一个思想的提问者，对某种思想进行自己的提问、追问，那还是有意义的。

好，就说到这，谢谢大家。

2008 年 4 月 11 日下午

# 不要偷走孩子的梦想

在福州格致中学鼓山
校区论坛上的发言

　　为了今天这十多分钟的发言，我昨天特地来听了两节课，我希望自己能有一点与课堂相融、与学生真正相见了的感觉，哪怕这样的"前期准备"不大靠得住，但也比毫无准备要好。

　　听完课，又与几位老师作了交流，但我还是一直想着今天来到学校能与各位谈些什么，其实我想不出头绪，甚至有点焦虑。刚才坐林晓枫副校长的车过来，快到学校时，她问了我一个问题，我的孩子长得像谁？我说要论长相，那可能

在福州格致中学鼓山校区与教师对话

比较像我太太；如果论智力，则不太好说，孩子在写作方面颇有自己的天分，熟悉我的人都以为我起了"关键作用"，其实我太太也是学中文的。这个随口一问的话题只要稍微深究一下，就会带出也许能够称之为"命运"的、比较让人有悲怀的东西来。

你看一个孩子来到这个世界上，很多东西都是一次性给定的，他一点办法都没有。比如说，你生在什么国家，生在什么年代，生在什么地域，生在什么家庭，父母的文化状况、财富状况、健康状况，等等，这些问题都很要命，有时候可以这样说，某些一次性给定的东西比你一生的努力还要重要。你看，有位美国传记作家写姚明，说姚明生下来无论叫什么，他都要注定成为明星的，因为姚明的父母当时已经是上海最高的男人和女人，他们的结合肯定要创造"奇迹"。像我这样，像在座的林斯坦老师、郑勇老师、王森校长这样，我们也可以在父母身上找到一种决定性的力量，我们都必须去面对一辈子作为矮个子这样的处境，好在我们在智力方向的发展目前看来还算不错。我谈这个话题，说的也就是，当我们面对一个具体的人时，从他身上其实可以看到一种来自命运的很震慑人的、也令人畏惧的力量，所以我们能做的首先只能是顺从自然，敬畏生命。每个人都是如此的不同，很多时候，让人很容易就生出一种生命的悲情。

刚才论坛刚开始时，语文老师在作《项链》的教学分析，我一边听一边想着自己对《项链》的阅读，说实在的震慑我的恰恰就是涵泳在文字背后的命运感。我们对《项链》作了太多的阶级分析，比如小市民或者小资产阶级的虚荣心啊，上流社会的虚伪啊，等等。有些错误可能是偶然的，但却改变了你的一生，有些错误可能是注定要发生的，你不是犯这个错，就可能犯那个错，冥冥之中是不是命运的某种安排？说实在的，我对玛蒂尔德真的充满了同情，同时很容易从她的境遇看到属于每个人的同样令人畏惧，却又各不相同的命运，我们的教学能不能先抛开"庸俗的辩证法"，让学生直面文本、直面人生，形成自己的感悟与体验呢？

我们还可以继续想一想所谓的"具体的人"，他总是生活在具体的处境之中，这样的处境很可能会左右着他很多方面的发展。比如，我看着自己的孩子，就经常想，我能要求孩子什么呢？当我们把孩子带到这个世界，在这样一个时代，他注定是要受苦受难的。我时常会对孩子说，你要吃好一点，吃饱一点，你有时间要多睡一点，这样你才可能和应试教育作长期的斗争。但是斗完了又怎样呢？上了大学后又怎么样呢？毕业了又能怎么样呢？仔细想一想，感觉真的像德国思想家朋霍费尔说的，"这不是你的错，这是你的命"。所以当我想到这些问题以后，对孩子的学

在福州格致中学
鼓山校区与教师
对话

业经常是心肠很软。在我们生命化教育理念中，就认为教育应该是母性的，她饱含着同情与理解。这样的观念和很多学校的管理、老师的认识是有冲突的。我们老师时常说的是，你的成绩不理想一定就是你自身不努力，但是我们仔细想想，很多孩子一天就只能睡五六个小时，睡眠状况之差，旷古未闻，说得更严重点是惨绝人寰。但是，只要他成绩不好，我们依旧要说他不用功，也不管对有些学生而言成绩很可能根本就无法提高。

对很多学生而言，其实有不少的东西是给定的了，很难说他能有多大的腾挪空间。如果我们都只能给他一条应试的窄道，大概他的梦想就会被剥夺。在今天这个时代保留梦想是非常困难的事。我昨天听了两节课，一节是心理健康，一节是历史。我听完后也颇多感慨，两位老师年轻漂亮，在课堂上的状态都非常好，但是我和一起听课的几位老师都觉得孩子在课堂上真的有点笨。怎么说呢？孩子在课堂主要的也就是具备了一些答题能力，基本上只会按照给定的要求顺着去思考，而这样的学习方式其实由来已久，久习成性，你说孩子还能有什么"独特的思维能力"，做发散性的思考？所谓的自主学习又能从何

在福州格致中学鼓山校区与教师对话

处说起呢？到高中听课，我真的更深地体察到了应试教育对想象力、创造力、精神活性和生命活力的伤害，真可谓为学日损，损之又损啊！

大家是否注意到，我们在课堂上首先关注的就是答案的正确与否，高明一点的教师可能还关注你的见解是否深刻，再高明点的老师还可能关注到学生的思维品格是否独特。那么，在这之外呢？昨天听课时，我特别作了观察，比如，当学生站起来发言时，他是不是能够抬起头，注视着老师，或者注视着同学，是不是能够从他的身上看到一种勇气，一种胆识，一种表现的冲动，甚至一种独特的表现力，一种引人注目、令人嘉许的个人魅力？而不是胆怯得手都不知往哪里放，手里捏着的纸实在不明白是把它展开还是揉起来？在课堂上，我们是否整体性思考到教育特别是学校生活对一个人多方位的影响与成就呢？我们的目标窄化的教育其实根本地忽略了对人本来应有的、而且是责任重大的那份关注，怯懦、自卑、不善言辞、缺乏表现力几乎成了我们的通病，就是等到有一天醒悟过来，我们要去改善自己时，将发现那又何其困难啊！

因此，对一所学校而言，对每一位老师而言，增强我们的生命意识，改善我们的文化品质就显得尤为重要。我们要时常想到到底能够用什么样的文化去培育、成全怀着梦想来到校园的孩子们。我们面临的考验当然很严峻，叶澜教授也曾指出，我们这二十多年教育最大的失误在于，我们忽视了具体的个人。而这个"具体的个人"才是教育真正的难度所在，如果我们把所有的人都减化成平均分，一切都量化，都成了冰冷的数字，教育就会变得很笨拙，

**无题（二）**

你必须继续，你注视、承受，

继续参与的生活，

是你的生活，你的倾听

在一滴雨之外，

在钟声照料下的教室，

你看到走廊的尽头，

自己的面容

很淡，也很平静，

现在是下午的第一课时。

教育就不需要耐心，不需要有智慧，不需要高超的艺术，也不需要有过人的胆识。我们正面临着前所未有的教育危机，不是哪所学校，而是这就是我们共同的境遇，教育需要思考大问题，教育也需要在小事上持续、耐心地努力。

明天下午，福州还有十几位老师要到格致中学鼓山校区，参加我们"1＋1读书俱乐部"的月谈会，所谓的"1＋1读书俱乐部"就是一批自愿参与读书的老师每个人建一个博客、一个月读一本书，通过读书、讨论、写作去加深对教育的理解，去提高我们的文化素养，去确立自己生命的价值与目标，同时能够影响一个孩子、一个家庭、一个班级甚至一所学校。现在这样的读书方式，我们在很多地方传播、推广，鼓山校区也成立了自己的"1＋1读书俱乐部"。我知道这所新学校有120位教师，平均年龄才26岁多一点，也许阅读与写作同样能够影响学校的未来！

福州"1＋1读书俱乐部"读的第一本书就是美国教育学者帕克·帕尔默的《教学勇气——漫步教师心灵》，其中有一个关键词，就是"恐惧"，生活的恐惧，教育的恐惧，我们稍作反躬自问也会明白自己就生活在各种恐惧之中，但我们必须去面对恐惧，去认同自己的存在，只有我们真正获得生命的整体感，我们的生命也才可能成为我们活着的出发点和不可动摇的目的。康德说不能把人当作手段，当作工具。首先我们应该不把自己工具化，这一点其实就是我们一生最大的课题。

2007 年 3 月 30 日

## 无题（三）

我愿意说出的是
夸大之辞，
我夸大了自己仿佛来自
　前世的坚强，
我说的前世，
总是就在身体的后面，
一天一天的潜入
你不知道还能从
另外的一天活下来

没有失去惊喜的能力，
喉管中发出的不是
零度的声音，
你的警惕也仍然恰当。

## 无题（四）

他们知道自己无法逃过
权力和贪欲带来的
　可怕的毁坏——
既然你所要求的
总是比得到的还要多。

# 以一个父亲的心情听课

在福州某中学教
育论坛上的发言

今天我主要谈一谈自己听课的感觉。只要一走进教育现场，我就会变得比较机警、敏锐（笑），见我所见、想我所想，并从这样的生命在场中提取出一点见识。我热衷于到学校听课，也比较信赖自己所看到的。在这样的现场，你同样是一个教育的承担者，同时往往能够获得一些原先未曾料想的颖悟。

我听的是高中一年级的两节课，一节是通用技术，另一节是语文。上通用技术这门课的是位年轻教师，真是一位帅哥，外表很酷，一节课上下来应该说他的学科素养是不错的。我还是从头说起，我首先比较注意观察他是怎样"进入课堂"的——他上这门课可能要教好几个班级，我没有去了解到底有多少个班级，这一点对一个教师而言，其实是相当大的挑战——当他来到教室之后，我注意到，他始终站在讲台上，偶尔会对学生做个小动作或表情，看得出来他很紧张，在这种场合，课堂的私密性被打破了，你的对象感产生了错位——你到底为谁上课呢——另一方面，我也想在这样的课堂我到底能看到什么呢——我只是发现这位年轻教师始终都处于"等着进入课堂"的状态，他既无法克服自己的紧张，同时也没有意识到自己已经将这种紧张传染给了学生。在这里，我关心的是教师的眼神和身体姿态，我发现在这等待上课的过程他的眼神一直是游离与飘忽的，我猜想这个班只是他教的很多班中的一个，他几乎很难叫出班上任何一个学生的名字，这些学生既熟悉却又无法具体化，他跟学生眼神交错时，不是一种交流与会意，而是，差不多就是"我们都在等待着任务的序幕的拉开"。

其实，我虽然用心地感受着课堂，但并没有如此强烈的"感触"，是听了第二节语文课之后，我又"倒着回来"强化自己的发现的。

第二节上语文课的 W 老师我原先也认识。她的课又让我加深了自己对课堂的一个"心得"：好教师就是在课堂上显得比平时更漂亮的人！W 老师的课也是从"等待"开始的，不过她不消极，她一直走到每一个和她说话的学生身旁，轻松地叫出一个又一个学生的名字，是的，她是在与一个又一个具体的有名有姓的孩子说话，他们都是真实的人，他们会用心地分享着自己的话题——从分享开始的课堂一定会比较精彩——正是因为彼此熟悉，这样的课堂大概也会更为自然、真诚一些吧。我不由得想到美国教育家鲍耶所说的，他说最好的学校应该是学生数只有三百人的学校，他们彼此都能够叫出对方的名字。这不是一个可有可无的"技术问题"，教育从来都意味着师生间的情谊相通、精神共融吧，要不，我们的课堂应该从哪里开始呢？

我再说说"速度"。这一点也比较好玩。通用技术课上得相当快，仿佛原先处于紧张等待中的年轻教师醒过来了，开始了自己的快跑。听完课后，我和学校的教导主任聊了一下，我说我终于从这个课堂上看到了"多媒体"是多么的有害：传统的板书，如果学生抄得比较慢，他可以在老师进入下一个环节时继续抄，反正它都在那里，但多媒体就不行了，鼠标一点，一切都消失得无影无踪，一点痕迹都没有，不知是它助长了教学速度的快，还是教学速度的快使它成了没有任何生命形态的一种表现方式。说实在这节课几乎都是在教师的"快讲"和多媒体页面的"快闪"中度过的，为数不多的几次提问，教师叫不出一位学生的名字，这一点也证实了课前我对教师的观察。我仿佛也明白过来，应试教育的特征之一也在于"速度"：足够大的信息传授容量，所有的讨论、思索、停顿和动手尝试都取消了，课后则需要学生花大量的时间去补充，进行强

什么力量在我的生命中复述了整个童年，是初次的遭遇，是面临的记忆，无数没有被时间与遗忘夺去的细节？当我思考教育，就是有意识地重新思考珍藏在记忆中的一切，一位学者曾写到"心灵因细腻而伟大"，我想接着说：心灵因怀疑而深邃，心灵因孤独而奇特，心灵因关怀而多情，心灵因痛苦而至诚。

《教育的十字路口》

化练习，但所获得的那些可怜的知识完全与生命无关，也根本难以在每一个生命个体具体的生活中得以还原。

而 W 老师上的语文课则是另外一番景象。这一节课她讲的是修辞手法，就教师的"修辞学的教养"而言说不上任何的广博、独到与深刻，甚至我还有这种感觉，教师的备课似乎也并不是特别的精心，给我印象最深的是课堂的"慢"，比较胖的教师身体动作是慢的，说话的语速是慢的，等待学生回答问题的过程是慢的，学生讨论问题的时间也是慢的，但正是这个"慢"印证了日本教育学者佐藤学所说的，教育往往要在缓慢的过程中才能沉淀下一些有用的东西。这两节课我都是昨天听的，现在我如果回忆一下，第一节课的大部分内容我真的一点都记不起来了，当然这可能是我自身的责任，而第二节课，就是这会儿我仍然可以清晰地"看到"很多生动、耐人寻味的场面。在座的各位老师可能会关心另一个问题，就是教学任务完成不了怎么办，这是我谈及"教育是慢的艺术"时教师们经常问及的问题。今天我不展开这个话题，我只是想说，我们更需要对"手术本身很成功，但病人死了"的课堂有一些反思，这样才能从对速度的迷恋中返回到真实的、具体的、有各种各样差异的课堂，这才是教学真正的开始。

**无题（五）**

就是这样进入一个又一个的片断。我的耐心是不动声色地过自己的生活，每天踩着铃声，然后踩着对时间的吃惊。

同时，我相信凡是和我一样听过这两节课的老师一定都看到，在快速行进的课堂学生实际上是很被动的跟随者，只能一路吃力地跟着，跟不上的注定要掉队，在课堂上教师是不可能关注到学生这种状态的，一切都要等到考试来测试，但是到那个时候对一部分学生而言已经晚了，同时他还必须独自承担所有学习失败的责任。所以，在这样的"速度"中你看到的只有紧张、单调、被动，看到的只有教师对课堂的主宰、盲目和慌乱，没有交流，没有问题的提出，也不可能有意外的惊喜。同时我还想说，只有独奏没有对话的课堂不仅对学生是一种伤害，对教师更是如此，首先他的教学往往很难得到学生情感的回报，这一点任何一位教师都很清楚是怎么回事，教学工作的疲劳不仅是因为劳动的强度，还因为我们在课堂中得不到即时的笑声、放光的眼神、会心的情感碰撞等等滋润，在这样的课堂教师真的成了唯一的输出者，没有挑战，甚至也不需要"临场的智慧"，你说哪位教师长此以往能够不越教越笨？

　　说实在，我听完第一节课时对学生的状况感到很不安，我自己的孩子现在也在读高一，我没想到孩子们在课堂上是如此的笨拙、羞怯、语言能力低下，虽然我知道这应该不是学生真实的状况，但是我更不希望他们被"造就"成这个样子，这是一件悲哀的事情。好在语文课让我的担忧一扫而光，我看到几乎每个问题都是所有的学生在举手，有时还出现了抢着发言的情况，每次发言之后马上就是自发的掌声和快慰的笑声，有的孩子的发言更是句式

　　不管贴着什么标签，永远不要去爱使儿童备受折磨的教育体制。不需要智慧，不需要反复思量，只要稍加观察，我们眼中就会时常含着泪水。因为"今日课堂的孩子们根本就没有时间做做梦、歇歇气，想一想，沉思一下，或学学怎样安静下来，几乎没有找回自己的本来面目的可能性了"。岂止在课堂上，课余的每寸空间同样充满了教学干预。我看到了儿童们的挣扎，最后却是越来越适应"往往是摧残、毁坏灵魂的规范和日程表"。伟大的读书的传统和最美好的心愿，恰恰在最日常化的病态之中几近丧失。

《教育的十字路口》

复杂而富有灵性，充满了意想不到的独特的观察——我由衷地感受到不是今天的孩子对不起教育，而是，基本上是今天的教育对不起这些孩子！

同样是高一的学生，为什么有如此巨大的反差，这是我听完课后沉思的最大的问题，我深信教师的教育观念和生命意识才是学校文化中最具意义的力量，教师不仅是知识的传递者，更重要的是，他是作为具体的一个人在影响、默化、润泽着他班上每一个学生的，教育是通过这个具体的人而在型塑着更多具体的人的，这样的影响对成长中的儿童而言真的是直接、持久、深刻的，我们最需要花费的心力也就在于这样的教育自觉上，目光向内才可能知道自己的责任，才可能知道一切变革正因为"我"的参与而变得更有可能。

我的女儿就在这里读书，我来到学校更多的是以一种父亲的心情。教育最核心的问题就是它到底会对学生一生有什么样的影响，它成全的是什么样的人，多年以后，我的女儿一定会回忆起这样的一所学校对她而言很多意味深长的生命场景。这两天我也带着一个父亲的心情，来到了现场。

2006 年 12 月 15 日

## 无题（六）

不要去惊动刚刚降临的寒气，
磨过的粉笔摆放整齐，
"初生的面孔"，
这是你脑海的一个闪念，
你和他们相互注视，
我该相信什么，
不明白，
也不需要思考太久，
现在就继续上课。

有些诗就是写给你，
它在路途上耽搁了，
却也不影响自己的温度，
你打开时，
就能知道，你还可以
小心地舔一舔。

知道一种耐心，
怎样调节着
它的火候，
它的香味现在也仍在。

# 教师首先应该把自己的孩子教育好

为1+1读书俱乐部作的家庭教育报告

父母这个称谓首先就意味着一种责任，为人父母既是自己选择的结果，又是一种对象性的角色。因为你只有把孩子带到这个世界上，你才成为这个孩子的父母，如果你没有孩子，无论你年龄有多大，你都不能算是为人父母。一旦你成为一个孩子的父母，这个角色终其一生都不可能改变。选择做父母，也是一件不容易的事情。古人说："一日为师，终身为父。"我觉得它可以倒过来说："一日为父，终身为师。"这个"师"当然不完全等同于教师那个"师"，但是这个"师"里面同样包含着养育、教诲、帮助、指导、督责、成全等等责任。在我们的家庭格局和社会格局中，对一个人怎么才能成为父母、怎么才能当好父母、怎么把自己造就成优秀的父母，关注得都不够，或者说中国父母"职业化"的程度都不高。

精神分析学家弗洛伊德曾经把三种职业称为不可能的

职业，其中有一种是教师。他说这是不可能的职业，其实未必是说这个职业不可能有，而是这个职业很难说你做到什么程度才算尽善尽美，因为任何一个人，他都很难站在自己的立场替别人说话，一个人认识自己就是一件非常困难的事情，何况要那么具体地去帮助一个你可能并不熟悉的人。而每一个个体之间的差异又是如此之大，个体自身的变化又是如此之微妙与复杂，所以不仅知己难，知人总是更难的。而为人父母的这个"师"的职业就更难了。但是我们已经为人父母，我们就必须责无旁贷、义无返顾地担当起父母的责任。这个责任在今天看来，最核心的也仍然在教育这个点上。父母是孩子的第一任教师，也可能是孩子一生中最重要的一任教师。

面对着这个孩子，面对着这个每一天的孩子，你遇到的挑战都是新鲜的，都是一次性的。这需要你既有智慧又要善于借鉴别人经验，从某种意义上可以说，你做了父母，你做了家长，你就要成为一个学习者；你就要去了解孩子的身心健康状况；你就要了解孩子的身心成长的规律；你就要针对这个孩子的问题，去思考相应的对策。我们自己"长大成人"的经验往往也是很难照搬过来，放在孩子身上的；甚至很难说，比如像我们上一代人，生了很多孩子，他对养育孩子就更有经验。有时候我们出于种种原因，可能会怠慢某一些事某一些人，我们也能为自己找到一些理由或托词，但是对你的孩子的成长而言，这样的理由或托词实际上是没有意义的，因为误了孩子的某一个重要的教育阶段和教育契机，很可能就影响到他长远的发展，甚至影响到他终身的幸福。父母作为个体，即使自己在事业上取得了很多成就，但是，只要你有了孩子，你的角色就已经发生了变化，责任也发生了变化，养育孩子、成全孩子发展的这个中心工作，就须臾不能被遗忘、被漠视、被放弃。虽然孩子的成功不见得是我们成功的证明，也不是说我们的成功需要用孩子的成功来体现，而是，任何一个孩子的发展，都离不开父母的帮助，离不开父母的成全。为人父母，他担负着一个家族一个社会生命传承的责任，你对"这个人"的责任，也就是对社会的责任。而能否把孩子教育好，父母的责任一定大过其他任何机构与个人。

16. 我编的两本刊物都有最后的审稿人，他们首先细致审查的都是我这个"主编"的文字。现在其中的一本已经不再有我的任何文字了。"这就对了，哪有刊物每期都有主编的稿件呢？"一位终审者笑眯眯地对我说。我并不会为此生气。空气中也没有因此弥漫着哀悼的气息。

17. 林语堂拟了一条"科学公式"："现实"减去"理想"等于"禽兽"，"现实"加上"梦想"成了"心痛"，"梦想"减去"幽默"等于"狂热"，"现实"加"梦想"加"幽默"就成了智慧。

《在逆光中行走》

前苏联著名的儿童教育专家马卡连柯说："独生子女是教育不好的。"马卡连柯这句话当然不是针对中国人说的，但它还是让我既感到吃惊，又颇为遗憾，因为我们今天所面对的大部分人都是独生子女。那么，马卡连柯为什么会说独生子女教育不好呢？因为独生子女不可避免地要成为家庭关注的中心，不可避免地要成为家庭的疼爱中心。前几天，我碰到一个孩子，他就对我说，我提出什么样的要求，妈妈都会答应我；我无论做了什么事情，妈妈都会原谅我；我无论犯了什么错误，妈妈都不会惩罚我。可以说，日常化的、有意味的、在家庭中自然进行的教育已变得很困难。马卡连柯更强调集体教育，这种集体教育其实是文化的一种自然的传承。

　　比如说像我这一代人，所谓的教养，更多的是在一种家庭文化氛围中形成的。比如说尊重父母，今天连这个都变成一件很困难的事情。因为父母对孩子的爱，是没有条件的，但孩子对父母的爱却需要一些条件，经常可以看到一些孩子对父母很无礼很冷漠。其实所谓的这种尊重父母的教育，他本来应该是很自然的。你可以向你的哥哥学习，向你的姐姐学习，向你的叔叔学习，向你的邻居学习，这样的教育也就是一种榜样教育吧，或者以我们生命化教育的一个术语来说，就是范本教育吧。就是有榜样，有一个榜样在，这个榜样能启迪你，影响你，甚至能够督促你，有时候还可以惩罚你。比如说你做得不好，可能被你哥哥狠扁一顿，这个"扁一顿"见效了，因为哥哥扁一顿甚至比父母扁一顿还有效果，会让你很羞愧，而且你看

## 在逆光中行走

18. 听安德烈·波切利，突然想到，伟大的人物一定出自伟大的民族。多么笨的想法。

19. 巨大的民族，麻雀一样的生活。

20. 你可能毫无作为，但仍然误解了自己的生活。

21. 像钟摆一样，当我摆到右边时，我就希望停了下来：悬的，同样不安宁的生活。

22. 以赛亚·伯林说：在严酷制度的国家，就是规定必须早上三点起来以头顶地倒立，大家为了活命也会照办的。不过，我经常听到这样的说法：其实也没那么可怕的，我们都习惯了，生活并没有什么两样。还有这样的说法：别的国家也不见得就特别好，只不过我们不了解罢了。

23. 我常常会问自己：我还能保持童心吗？也许还应该每天问一次。

24. 时常写作构成了一种压迫，当你不能写作时。是否需要以写作确证我们存在的价值？就像有些话语只是为了说给自己听的，不断重复又何妨？有些工作是向善的，即使十分微小，不断累加总是有益。

25. 今天突然明白"低飞"原是年纪大的人的特性，年轻人则是要高飞的，比如希腊神话中的伊和拉斯，竟因为飞得太高，而使蜡质的翅翼都融化了。

到哥哥做得很好，所以你只好"有则改之无则加勉"了。那今天怎么办呢？今天就变成父母要出来跟孩子说，你要尊重我啊。世界上没有这样的教育能够见效的，没有说"你要尊重我"，然后孩子就变得非常尊重你。这样对孩子的教育，难免会有困难。独生子女问题还有一个麻烦——它是一次性给了你一个孩子，让你连改错的机会都没有。我们今天研究怎么当父母，其实就是研究父母教育孩子的观念、方法和具体的策略问题。我们不能生活在对传统家庭某一些很自然的有效的教育的缅怀之中，我们必须面对的是，只有一个孩子，要教好这个孩子很有难度。前不久我在全国几个省市作了一个问卷调查，其中有个问题，就是"你觉得当父母容易还是现在从事的工作容易？"。调查发现，70％以上的父母觉得做父母比自己做的工作"难多了"，其中高中学生的父母达到90％以上。这一方面说明为人父母确实是天下第一难事；另一方面，从积极的方面来说，今天的父母大概也更为注重孩子的教育问题，更有责任感，也更觉得家庭教育的重要。

以上说了这么多，就是要从这些思考中引出今天的话题——教师首先应该把自己的孩子教育好。任何一位教师要教育好自己的孩子，其实总是有无数的"方便之门"，比如，你教育孩子的"专业"水准，你从教育无数学生中获得的丰富的经验，孩子在自己学校甚至自己班上学习而你有可能给予的细致的关注与帮助等等，应该说大多数教师都具有把自己孩子教育好的鲜明意识，也更能够在教育孩子上花费心力，把自己的孩子培养成功的教师可以说占了大多数，但是，为什么也有一些教师，他在子女的教育上相当失败呢？

我觉得原因可能首先在于这些教师对教育好自己孩子的责任的忽略。无论是你对"本职工作"的过分投入还是其他的原因，所有教育子女责任的让渡，其实都是一件不可原谅的事情，而这样的忽略所造成的后果往往也是你自己必须承担的，你个人所有的"成功"并不能补偿子女教育失败的苦涩与沉重。同样，你即使把"别人"的孩子教育成功也无法抵消对自己孩子教育天职的担待。

其次，"起始处"的教育是最重要的。所谓的"起始处"至少包含两层意思，一方面就是零到六岁的教育，这个时期父母对孩子的影响具有一种"刻印"般的作用，父母细致耐心的启迪、示范，手把手式的教育，对孩子所起的作用就像马卡连柯所说的那样，"你在这个阶段把孩子教育好了，他以后的成长就不会那么费力"。另外，"起始处"还指的是，孩子在成长过程中难免要犯各种各样的错误，而当错误初犯或刚刚发生之时，及时恰当的教育是最为有效的。要想在"起始处"的教育获得成功，只有一个办法，就是要尽可能多地和孩子生活在一起，这既是为人父母的责任，也是教育的秘诀所在。美国明尼苏达大学营养学家兹泰妮研究发现，全家人一起吃晚餐，有助于小孩子获得较好的营养、较高学业成绩，较不会抽烟、喝酒、吸毒、打架、提早性行为。而著名电影导演基耶夫斯基也认为，一个人的未来几乎是由餐桌上提醒你的"那只手"所决定的。可以说，比"专业能力"更重要的是你对孩子

26. 我拟的关于认识自己的"片面之辞"：人可以改变自己的住地，但不能改变自己的籍贯；人可以改变自己的生活，但不能改变自己的出生；人可以改变自己的国籍，但不能改变自己的血统；人可以改变自己的信仰，但不能改换自己的父母；人可以改变自己的情绪，但难以改变自己的性格；人可以改变自己的气质，但难以改变自己的相貌；人可以改变自己的学历，但不能忘记自己的母校；人可以改变人生的旅程，但不可能忘却自己的童年；人可以改变自己所爱，但忘不了自己的初恋；人可以改变自己的学识，但难以改变自己的无知；人可以改变生命的履历，但总归要带着无数遗憾；人可以改变自己的寿命，但难以摆脱终有一死。我们活过、爱过、努力过、痛苦过，一生都在欢愉和挽留之中。

《在逆光中行走》

成长的用心与尽力。不是有空时才"教育"，更不是生气时才想起"教育"，而任何孩子的"成长失败"往往也都与儿童时期的家庭教育问题有关。

第三，教师教育子女失败的原因还在于，有些教师想当然地把自己的孩子当作心目中"最有天分的学生"，期望值过高、要求过严，既不能容忍孩子的"其实并不优秀"，甚至也难以承受孩子的暂时落后，所以相当多的教师子女感到压抑与沉重，他们的成长往往容易陷于自卑、怯弱与乖戾、反叛这两极。可以说，教师教育子女过程中最难的恰恰就是平常心——顺其自然，耐心——所有的成长其实都是一件极为费力的事情。

应该说教师要教育好自己的孩子，既有专业方面的优势也有工作上的诸多便利，但我们还是要把它当作比自己的本职工作更难的一件事而努力！

孩子不需要担心，而需要关心。孩子不需要责骂，而需要理解。孩子不需要说教，而需要分享。孩子不需要考验，而需要分担。孩子不需要冷落，而需要疼爱。孩子不需要寄予希望，因为他本身就是希望。

2008 年 7 月 15 日

# 我们为什么要成为一名教师

在 1+1 读书俱乐部《在与众不同的教室里》导读会上的发言

我们为什么要成为一名教师呢？当我们静下心来问询自己，我们不是感到非常矛盾吗？平复内心的焦虑也是困难的，焦虑是生命的一部分。"当我们走进教室时应该具有一种平衡力"，现在我们聚焦的是"走进教室"，在这个时间的空隙我们应该是一个教师，克服了各种焦虑和压力的人，不管怎么说面对着学生我们总是一个特殊的人，我们的意识是不一样的，我们要表现出具体的"职业"的能力，我们需要有耐心度过这样的一节课，一个共同的时间，也许我们可以成为给予别人宽心的人，我们描摹和传达的总是与对未来的想象有关。有些时候，我们还能像一块不坏的磁铁，吸引着一些目光、一些内心的跃动……但是即使在这样的时刻，你也仍然要问询自己真实的存在的。所有的生命都是复杂的交织，它的复杂总是超过了你所有的经验与想象，——而我们却总是更愿意寻找自己能够确定和把握的某种令我们喜爱的简单，如果只有"黑与白"这世界一定会少很多的麻烦，尽管这样的"少"也使世界单调很多，但在我们内心深处仍渴求着把一切简化为"黑与白"，并没有太多的人喜欢复杂的心智游戏，也没有多少人能够不畏惧自己生命的不可捉摸、无法确定。我们对世界所有的问询最终总是回到我们生命自身。

首先要确认的是，我们确实看到了变化。各种变化似乎都减弱了我们对世界的紧张和警惕，但是一回到学校，我们就会发现这里的变化是最少的，或者可以说变化的是人，是我们自己，是我们的学生，而不是那些"制度"，以及"制度执行人"的僵硬的面孔。我们总是要回到反差以及反差所形成的某种不真实的状态，这样的状态会使我们时常有一种"失重感"，它扭曲了我们对自己的工作可能有的更好的想象力、期待和一定限度的认同，同时——一位1＋1博客上的朋友曾经这样描述过——"当你诗意地向前走时，总是有种力量把你拽回荒诞的现实"，接着他又说道："也许我们一直还没有办法走到教育正确的起点，不是我们不知道这样的起点，而是无法走到这样的起点，有的人总是不愿意教育真正的变，于是我们的生活也

27. 常常当我们写出一个句子之前，并不知道它可能是什么样子，而这个句子一旦被"写出来"，无论是否符合心意，它就是那个"样子"。这样的经验会使我们信赖自己的能力，而如果停下来思索一下句子的"生产过程"，（这样的停顿也是必要的），我发现所有的写作都包含着对自己的理解和证明。

《在逆光中行走》

总是一次又一次陷入这些人预设的疯狂中。无论你怎么抒发教育的美妙，我相信这样的美妙是可能的也是存在的，但是我们的生活更确切的状态却是精疲力竭以及对疯狂的恐惧。"我相信这位朋友一定是深刻地体验了一个普通人，一个普通的教师教育生活的复杂性，同时时常怀着生命的困惑和疲倦——这样的困惑和疲倦也带入了我们的梦境。我们能够知道的其实就是教育工作有双重和多重的困难，它既朝向我们自己的种种不确定、不平衡、不安、热情、允诺、梦想、幸福，又是对学生的种种复杂的责任、关怀、提醒、教诲或者欺骗、背叛、敌意——也许，就是在这样的冒险犯难的过程中，大多数人变得日益平庸、迟钝并丧失想象力的。这个时代的哀愁在那些最为敏感的教师心灵里也有着最为痛切的体验，他们的精神历程构成了中国教育的特别的历史。

另一方面，今天我尤其想表达的是，我们确实生活在变化之中，我们分享了人类的荣耀、智慧以及种种技术革新所带来的生活的便捷，通讯革命带给了我们全然不同的世界观、生活观，我们也藉此改善了对教育、对人生的理解，也许这一切正是我们生命中最重要的通道——"理解"帮助我们辨认与获得，我们的生命也在不竭的去蔽的

28. 接纳和肯定自己，也有利于我们与他人建立一种同样是助益性的人际关系。

29. 只要你还认同自己的教育工作者的身份，你就会对这个世界的改善和人的改善抱有更多建设性的态度。

30. 我通过耐心的阅读和对这个世界的思考，试图找到一两个我喜爱的、真正属于我的句子。

《在逆光中行走》

努力中，有可能真正去把握那些"被交织在一起的东西"。并不是个人的悲苦与痛楚不重要，而是，我们应当透过生活种种的难堪和沮丧，直面复杂性的挑战，不单是拥有一种卓越的平衡能力，也不幻想由此建构其实并不存在的"宁静的教育生活"，"理解"是一种再编织，这样的新的编织使我们能够真正生活在"具体的今天"，——在开放性、多样性、复杂性中获得新的人性，我们在日益变得复杂的同时，成为对这样的复杂具有理解力的人。

最后我们一起来分享一段埃德加·莫兰精彩的思考，这一段时间来对他的阅读使我变得开阔了许多。

### 复杂的人

〔法〕埃德加·莫兰

我们是幼稚的、神经症的、狂热的存在，同时也是理性的。所有这些就构成了人类特有的品质。

人类存在是理性的和无理性的、既能节制又会过激的存在；受制于强烈的和不稳定的情感，他微笑、欢笑、哭泣，但也知道进行客观的认识；这是一个认真的和精于算计的存在，但也是忧虑的、恐慌的、享乐的、陶醉的、痴迷的存在。这是一个暴烈的和温存的、爱情的和仇恨的存在。这是一个被想象的事物所充满、但是又能够认清现实的存在。他知道死亡，但又不能相信它；他产生神话和巫术，但也产生科学和哲学。他被神祇和观念所占有，但又怀疑神祇和批评观念。他既用被验证的知识、又用幻觉和奇想滋养自己。在理性的、文化的、物质的控制中断的情况下，在发生客观的和主观的、文化的、物质的、控制中断的情况下，在发生客观的和主观的、现实的和想象的事物之间的混淆的时候，当出现幻觉的霸权和失控的过激性行为的时候，"狂徒"会支配"智人"，使理性的智能从属于为他的魔怪服务。

因此疯狂性是人类的一个中心问题，并不仅是他的残渣或他的病症。人类的疯狂性的主题在古代哲学、东方智慧、各个大陆的诗歌中以及对于伦理学家们、埃拉斯穆斯、蒙田、帕斯卡、卢梭是很显然的。但是不仅在人道主义的给予人以支配宇宙的命运的令人欣快的意识形态里，而且在人类科学和哲学中，这个主题都被化为乌有了。

发狂没有把人类引向灭亡（只有被科学理性释放出来的核能量和以牺牲生物圈为代价实现的技术的合理性的发展可能导致人类的灭亡）。但是，有如此之多的时间被丢失、浪费在利益、祭祀、沉醉、装潢、舞蹈和无数的幻觉等等之中。尽管有这一切，先是技术后是科学以雷霆万钧之势发展起来，文明产生了哲学和科学，人类统治了地球。

31. 我越来越深刻地认同这样的命题，即人类生存的基本定律是协作，而不是竞争。

32. 对世界的好奇、开放的接纳、共情的理解，以及对未知的无限热情，都在型塑着我们更内在的相貌，一个人终究可能更像自己。

33. 那些富有智慧的教师，其实也是带着一颗童心上课的。赤诚、清澈的心灵仿佛天然拥有。

34. 无论哪本新书，你第一次翻开时，最好无意识的、随意的，然后记下你看到的第一个句子。轻轻触动了一个不可思议远比现实更值得伫足的世界。

《在逆光中行走》

　　这说明复杂性的进步是同时地"不顾"、"伴随"和"由于"人类的疯狂性而实现的。

　　智人↔狂徒的两重性逻辑是在破坏性的同时又是创造性的。思想、科学、艺术曾经被情感的深刻力量，被梦想、焦虑、欲望、畏惧、期望所浇灌。在人类的创造之中总是存在着两个引领者：智人↔狂徒。"狂徒"抑制了但也推动了"智人"的发展。柏拉图早已注意到 Diké 即明智的法规是 Ubris 即放纵无度的女儿。

　　那种盲目的狂热情绪粉碎了奴役的神殿的殿柱，比如占领巴士底狱；相反，那种对理性的崇拜滋生了法国革命的断头台。

　　天才的可能性来自人类并不完全受制于现实、逻辑（新皮层）、遗传密码、文化、社会。研究、发现是在不确定性和不可判定性的开口之中进展的。天才突然出现于不可控制的事物的缺口中，正好是疯狂性游荡的地方。创造在心理—感情的黝暗的深渊和意识的耀眼的火焰的连接处迸射出来。

因此，教育将应表明和说明具有多重面目的人类的命运：族类的命运、个人的命运、社会的命运、历史的命运，所有命运相互纠结，不可分离。因此，未来的教育的基本使命之一是审视和研究人类的复杂性。它导向认识到从而意识到所有人类的共同的地位，个人的、民族的、文化的十分丰富和必要的多样性，以及我们作为"地球的公民"的根基……

2008 年 10 月 9 日

# 今天，我们应该怎么当小学教师

在新疆巴州师范
学校的演讲实录

　　谢谢校长，谢谢在座的各位老师、各位同学，黄（克剑）老师刚才说他讲课特别紧张，实际上我更紧张。进教室前，校长才要求：黄老师讲完后我接着讲。昨晚我睡得很好，因为海波老师说明天就黄老师讲课，你就没什么事情啦。每次讲课前我都睡不好，这好像已经成为一种习惯，所以，十几年来体重一直没有增加。

　　这次来新疆感到很兴奋。对福建人而言，新疆是个神奇的地方，很多老师发短信给我，知道我在新疆，他们会

"哇"地大叫。去东南亚呀、台湾、日本、新加坡等其他地方他们可能会觉得平常，但去新疆就不同。前不久我看了一篇文章，说一个日本的老兵来旅游，回去后，感慨说："中国太大，现在才知道为什么当年打不败，要是早知这么大就不打啦。"（笑声）你看，巴州占整个中国领土的陆地的1/20，一个州比整个福建省不知大多少。我到新疆后看到每位先生和女士，自己有乡下人第一次出门的好奇。我前天讲课提到冰心先生的"生命中的初念"，第一印象，我印象非常深刻，特别有感触。

人为什么对童年有那么深刻的印象？也就是，在我们的一生中，童年是我们最重要的生命阶段。我们任何一个成年人都要不断回到童年中去汲取力量。我们的很多经历变成我们性格的重要组成要素，变成我们生命的源泉。黄老师以前的学生看到黄老师时的自豪、喜悦，让我深受感动。日本有一个著名的哲学家叫池田大作，他曾经说过一句很生动的话，就是：一个人哪怕再成功，如果没有遇到一个好老师，他的一生也是很茫然的。但有了一个好老师就不一样。苏霍姆林斯基也有一个很精彩的表述，说如果一个人没遇到好老师的话，他就可能是一个潜在的罪犯，如果一个人能够遇到一个好老师，他再坏也不会坏到哪里去。好教师就是一个好范本，黄老师一再强调这个道理。我想，你们的校长已经记不起黄老师当时怎么教的，但他一定记得黄老师这个人在课堂中带给他的心灵的冲击，智慧的启迪，包括人格的启迪。这一切会在人的一生中烙下深印，甚至引领一生的方向。

在福建省建瓯县第一小学的课堂里

从 20 世纪 90 年代开始，我一直在黄克剑老师身边，一直追随着他。就像今天讲课一样，我不知道我已经听到他的多少次讲座，类似的话听过多少遍，但每次都感觉到常听常新。刚才我问在座的同学，黄老师的讲座是否能听得明白，他们说听得很吃力。我想说的是吃力是非常正常的，你不吃力才不正常。我第一次听黄老师讲课，他讲"虚灵的真实"，我不知道"虚灵"这两个字该怎么写。因为跟我原先对诗歌的关注或者更多的精力放在别的方面有相当大的关系，我听课必须换一种思维，换一种倾听方式，甚至换一整套词根，因为我要把日常化的词语换成学术性的词语，我觉得有一个使用、一个转变、一个提升的过程。这一次，我感到很兴奋、很紧张的是，黄老师第一次坐在下面听我讲课，讲完后评价说："哦，张文质还讲得不错。"（笑声）我感到兴奋。黄老师在场也让我很紧张，可是我发现他一直带着慈祥、鼓励的眼神注视着我，我觉得这对一个学生来说太重要了。

这也是我所要讲的，今天我们怎么当教师，其中最重要的，教师在课堂上，在学校里关注的有三个层次，但最核心的是"人"。我们原来关注最多的是知识的传承，以学科为媒介的知识的关系，以及与这个学科相关的更丰富的知识世界。但对人——尤其是儿童，更深刻的影响的是情感态度，人格倾向。我曾有一次到一所师范学校给学生讲课。那一次，我讲的是教育中的人文精神，讲要珍爱生命，关注生命，要把人当目的而不是手段。有一个实习刚回来的学生告诉我她所遇到的一件很尴尬的事。实习第

良好的教育在细腻与沉静之中，良好的教育在敞开与自由之中。当伫足省思，我们就会明白只有等待着我们去工作，去实践，从而得以不断呈现的人的解放的教育，把我们导入爱与理解的河流，这个时候，我们是真实的，也是充满矛盾的。教育就是存在，经历存在就是探究人性与世界的奥妙。唯有如此，我们才能把教育看成一生最大的享受。

《教育的十字路口》

一天她对学生说："从今天开始，我们就是朋友啦，让我们在互爱互助的环境中成长吧。"没想到一个五年级的孩子说："老师，我不同意你的观点。我们是吃硬不吃软，你还是给我们来硬的。"（笑声）当时，这位实习老师一下子懵了，茫然不知所措。但是教育中这种用强硬的方法对待孩子已经是司空见惯的事情。就是那一天我去讲课，主持人见学生迟到，就非常生气地说："你们给我站在门口，张老师请一个学期才请到，多么不容易。你们却不懂得珍惜。"我当时就明白了，真是"有其师必有其徒"。一种强硬、粗暴、侵害、负面的师道尊严，使得孩子一开始就接受了一种反教育的方式，他对和蔼、从容、温润、鼓励反而不适应了。他要强硬的，要粗暴的才感觉到更舒服，更适应，这是教育的最大失败。

到底我们要培养什么样的人？我相信在座的同学，不少是初中教育的失败者，内心都有一丝隐隐约约的自卑，这种自卑会伴随我们的一生，要超越是极其不易的。我也曾是一个特别自卑的人，上大学第一个假期，和两位女同学从上海回福州，在火车上24小时我没和她们说一句话。（笑声）后来，我经常想，要是有机会我真愿意再和她们同乘一辆车，让她们明白我不再那么自卑了。（笑声不断）这种自卑，是在我们受教育过程中不断地经历失败，经受屈辱，不断地被边缘化，不断地被贬低，慢慢积攒，增长起来的。后来我们要克服这种自卑，真是非常困难。实际上，这种自卑、不从容在很多老师身上也存在。我们在厦门有一所课题实验学校，原来它是一所农村小学。名字很好，叫曾厝垵小学。在做生命化教育课题前，他们都不好意思说自己是曾厝垵小学的。因为这所学校在厦门大学附近，他们私下里称它为"厦大附小"，也就是"厦门大学附近的小学"。（大笑）我到福州的一所很边缘化的学校听课，那位教师是我在中学任教那一年的一个学生。她说："今天，老师的老师来听课，你们过后可以问一些问题。"结果，这些初三的，和在座的你们个头差不多的学生一下课就围着我，问了一个让我感觉到可能是一生中最伤心的问题，他们说："老师，我们是不是真的很笨？"为什么孩子有这种想法？就是从幼儿园开始，甚至从出生开始，就有人不断打击你、贬低你，说你没有希望，你不可能成功，这种打击已经成为心理上的巨大阴影和障碍。这一切使我们对自己的未来没有期待。人与人关系中教师对学生的影响是最直接、最全面、最持久、最深远的，甚至是一个眼神、一句话很可能就决定了你一生的命运。教师最需要思考的是，我到底给学生带来了什么，我是不是不经意地带给了学生伤害？我们首先要反思的就是这些问题，我们的工作直接关系到一个人心灵的健康与纯洁，应该如履薄冰，慎之又慎才对。

我在一所学校听过这么一个故事：一个六年级的女孩子，她长得胖，教师经常形容她满面红光。在那个时代过来的人说一个人"满面红光"，就让人联想到毛主席。（笑声）有一天，孩子迟到，她跑得满脸通红。老师说："大家起立，毛主席来了，鼓掌欢迎。"就这么一句话，她那天下午就没来上课了。一个礼拜之后，她转学了。我

不是仇恨，而是宽恕，如果仇恨的话，我们就把自己降低到多年来压迫我们的那些人的水准。

《幻想之眼》

想，即使她转学了，她已经把胖变成一种自卑，变成一种人生的痛苦、失败。还有什么比老师当着全班同学的面用这样的方式羞辱她更可怕？所以，在对课堂的观察和与老师的交往中，我最看重的就是我们是否从内心深处发出对人的真挚的同情，真挚的尊重，这是教育的最重要的价值，尤其是我们今后要从事小学阶段教育，这点更重要。哪怕我们知识有缺陷，哪怕我们专业的起点不高，但首先应该作为一个健康的有生命意识的人从事教育，这是师生关系中最核心的一层。

教师很重要的工作就是以学科为中心，进行相关知识的传承。任何一个学科对教师都有相应的专业要求。相对而言，在座大部分同学起点可能是比较低的，但前进的速度比较慢不等于我们到达终点的速度就慢。有一个社会学的"火车理论"：一个跑得慢的人搭上一辆快车和一个跑得快的人搭上一辆慢车，最后，先到达终点的是那个跑得慢但搭上快车的人。人生是需要规划的，更需要有耐心能坚持，虽然我们起点比较低，但仍然可以有所作为，当然要学有所得才能大器晚成。我们要去经历，去尝试，甚至去挣扎。生命就是一种自我的旅程，在体验中我们发现着自己，发展

无题（七）

过去我没有倦怠自己的嗅觉
腐烂在空气中聚焦
我避开风的方向
希望能够继续喘息

这一天不是例外
我沿着长廊走去
然后在阴影中同样返回
墨水书写下对生活简单的复习

熟悉的身影
就不会让人吃惊
你发现我的恳求
你等着我对衰老用力

着自己，改善着自己。比如说你不到大漠，你真的体会不到什么叫辽阔。去了新疆，到了呼伦贝尔草原，你才知道什么叫一望无际。我想，我们南方人是体会不到"大漠孤烟直，长河落日圆"的景象和意境的。我们那边甚至一年四季都分不清楚，福州就只有两季，一季是非常炎热的，另一季是相对炎热的，看不到春天的迹象。所以，我们还要做生活的有心人。你对春天有细腻的观察，你才能真正教给学生活生生的体验。有位西部地区的教师到东部进修，早上醒来听到麻雀的叫声，他特别激动。一个年纪五十好几的教师从来没听过鸟的叫声，（笑声）他就生活在这么闭塞、荒凉的环境中，你说知识怎么传承？

有一次，国家课程中心的专家去一个偏远的地方听课，听老师上《刻舟求剑》这堂课。上课时，孩子提出："老师，剑从那里掉下去，当然可从那里捞上来。"这位老师说："是啊，我也这样想，可是教材里怎么不这样讲呢？"下课后，专家问他："你们这里有多大的河呢？"那位老师说，只有小池塘，剑从哪里掉下去就能从哪里捞上来。（笑声）我们的经验世界约束了我们的认识。所以，前天谈建设一所优质学校时，我强调要培养视野开阔的人，要倾听窗外的声音，要不断挣脱自己生存环境和知识的限制，努力学会"睁眼看世界"，也努力为自己创造这样的机会。多一种经历，多读一本书，能增强一份生命的强度，对自己从事的工作也可以多一点从容与自信。今天你们很幸运，能听到黄克剑老师意味深长的学术课。哪怕听不懂印象也深刻，会带来长久的思想的冲击。我觉得这

因此，我说，我真正喜爱的一定是轻柔的空气，宁静的话语，毫无意识地滑过我耳际的遥远的歌谣——我从办公室走回家，我也怜悯那些不断让我生气的人。

《幻想之眼》

即使从知识的角度上看，也是一种特殊的教育。以上我绕着圈子谈的是教师的知识素养要让学生折服，教师的学识水平要远远高于所要教学的内容。我们对自己职业发展要有更强的方向感，学校里所学的一切是远远不够的，我们要用每一天的努力去造就更多一点的"优异"。同时，我们还要明白，很多新的教育理念并不可能通过立法的形式就能变成现实，它们必须由那些担负着实践理念的职责的人去理解，去珍视，去追求。我们应该努力成为既有能力又有勇气去实践新理念的人。

第二点说的是"道德的肯定"。我觉得今天的教师处境极为不利，处在各种各样的约束中，教师要作为一个"真人"也是极不容易的事情。那么，在我看来，学生对你"道德的肯定"就意义重大。这点真像黄老师说的，"教师要成为学生的范本"。要说真话，做真事，善待每一个学生。我们福建省有一位年轻的小学教师，有一次在座谈会上，她感慨几乎每一次借班上课都上得很生动，她觉得很奇怪，本来应该是学生越熟悉，课堂越活跃，越生动，为什么会变成是陌生的学生的课堂更活泼呢？她后来反省自己，在班级上课总是带着某一种特定的目光去看待学生，把某些学生当成"优等生"，把某一些当成是"差生"；某一些是课堂上活跃的学生，某一些是不愿参与的学生。有这种意识后，教师的目光就会传达出相应的信息。有了这种意识后，多数学生没办法活跃起来，因为他们已经"派定"自己作为沉默的大多数而存在。曾有一个孩子告诉我，在课堂上她基本不举手。有一次举手了，老师走过来把她的手打了一下，说：“你凑什么热闹呢!”（大笑）教师这种行为不仅是对孩子的精神上的，甚至对他的求知欲，对知识的向往，对学科的热爱，以及对未来生活的期待都会造成很大的伤害，这是教师工作之大忌。我想“道德的肯定”意味着你要善待每一个学生，要把目光平等地投向所有的人，特别是投向那些学习有困难的学生，那些更需要你帮助的人。我从小个子矮，经常被欺负。有一次我对老师说某某同学又欺负我，结果，老师脱口而出：“你要是好的话，人家怎么会欺负你。”（笑声）我当场就当着全班同学的面号啕大哭。这位老师的名字我记不住了，但这细节我却记忆深刻。教师的公正、诚恳、率真是最重要的。现在应试教育使我们很多行为值得反思。昨天有位老师说，我们现在收进来的很多都是“差生”，我听了很难过，什么叫“差生”？当我们用这个词时实际上它就是我们的思维方式，就是我们看待人的眼光。当我们把孩子分等的时候，其实我们自己也被分等了。我们对自己也缺乏信心。

美国著名心理学家加德纳 1983 年提出多元智能理论，他说每个人都有自己的长处，有的人是语言方面，有人是数理逻辑方面，有的是音乐方面，有的是空间智慧，有的是自然观察方面，有的是自我反省能力，有的是人际关系。每个人都有特异之处、闪光点和相对的长项。所以，我的观点是：勤未必能补拙。像我这样的人去跑110米栏，再勤奋也不可能成为刘翔。上大学时，第一次上体育课，有一个同学一跑步就是同手同脚，（笑声）他改不

不要忙着“做研究”，不要忙着把什么都往教育上扯。是的，有时候，仅仅就是阅读，沉思，看望，路过；有时候，则是随便说上几句，没有什么样的愁苦值得你那么认真。“我在世界上行走，我爱上了这个世界。”这句话也是玛·奥利佛说的。

《幻想之眼》

过来，哪怕后来他成为了陆军大校。所以，扬长远胜于补短，把自己的长处挖掘出来才是最重要的。斯滕伯格曾讲过一个案例，说有位美国女歌唱家到一所著名的音乐学院深造，听了她试唱之后，那位被誉为美国最好的声乐教授说："就你的天分而言，你已经达到歌唱的极致，你不用学了。"这是行家的观察与判断。不过，天分对人固然重要，但更重要的是对儿童你往往还难以知道他的天分在哪里时，教师的期待、公正，以及敏锐的观察力，对每一位学生诚恳的帮助就更具有不可替代的价值。善待每一位学生是教师职业道德的最内在准则。

第三是情感的依恋。师生关系可以描述成人际关系中亲情之外的最美好的关系。在马克斯·范梅南看来，对教师最好的描述是：成为学生心目中能够替代父母角色的人。大家都看过魏巍的《我的老师》，文中说蔡老师脸上有榆钱大小的痣，这相当于现在一元的硬币那么大。你们说这人会美吗？（笑声）但在魏巍心目中，蔡老师是世界上最美的人。自己喜爱的老师，我们往往会深受他的影响。好教师在课堂上一定会比平时更漂亮。反过来，在课堂上粗暴对待学生，冷漠、程式化教学的教师，毫无教学热情，怎么可以美起来？我们说人不可貌相，一种是大智若愚的人，我们看不出他的智慧。孔夫子是很丑的，苏格拉底也是，苏轼脸很长，一滴眼泪要流很久才能流到下巴，（全场大笑）可见长得极其丑陋。所以，大智若愚的人我们往往看不出来他的智慧所在。另一种是大奸大恶之人，我们也不大能看出来。

第三种看不出来的是成长过程中的儿童。谁能根据一个儿童现在的相貌就能看出这个人将来是否大富大贵，能成大器？像鲁迅写的，有人到别人家里祝贺孩子出生，大家都说孩子会长命百岁，大富大贵，只有他笔下的傻子说这孩子将来会死的，结果被人家乱棍打出来。当然，从某种意义上说，人的精神格调、生命情调是可以透视出来的，像罗丹就曾说过人是可以貌相的，因为他是雕塑家，能抓住人内在的深层的东西。有一次林肯只看了一眼就拒绝了一个应聘的人，他说："四十来岁的人是要为自己的相貌负责的。"这话什么意思？人四十岁前的相貌是父母给的，以后是自己塑造的。事实上不一定四十岁前，甚至二十岁开始就是这样。人的精神面貌、气质之类，确实是自我塑造的，也就是培根说的：所学皆成性格，所学皆成习惯，所学所思会从你的眼神、举手投足中透露出来。我曾读过一本法国社会学家写的书，里面讲巴黎一个以杀人砍头为职业的人，有事没事总喜欢摸人的脖子，被摸的人会毛骨悚然，因为对方就是做这活的。（笑声）我说我们教师要有一种更高尚的精神引领，我们要养成良好的习惯，良好的阅读、倾听、讨论以至学习的习惯，这就构成我们生命的基本面貌。我说的其实就是，学生对教师的情感，首先来自于教师对学生的态度，你是怎么注视孩子的，你眼中透出的是不是善意、慈祥、期待和肯定，你评价孩子的方式是否妥当，能为他们愉悦地接受，你的教育素养是否能够引领孩子们前进的方向，甚至你的生活方式、人生态度是否也都具有可贵的"教育价值"？学生们

成全之道在于每一个个人身上。人唯有参与到人的全部生活，才逐渐获得真实的存在，"一切竭力保持自身存在的努力，不是别的，而是该物的实际本质"（斯宾诺莎语），教育所能成全的就是人参与到生活的能力和热情，教育以它充满人性与期待的方式，不断地使生命的本质得到肯定，从而肯定了每个生命的意义。

《教育的十字路口》

对你的"依恋"绝非空穴来风，在教育之中也确实没有"无缘无故的爱"。这种"互动着的爱"深深润泽着彼此的生命，构成了教育中最动人的"人性美"。人的生命的奇迹往往都与美好的教育有关系，一个孩子能够遇上一位让他长久甚至终身依恋的老师，真是一个福分。

说着，说着，我已经进入我要讲的第四个层面：一个好教师甚至能让学生对他产生强烈的精神的敬仰，他愿意成为你的追随者、仿效者。好教师不但是所教学科的代言人，知识的代言人，也可以是美好信念、价值的代言人。我觉得所谓的"好教师"，他一定要有自己的独立的价值判断，在今天这样的教育格局中，他能够"有所为有所不为"，始终要有站在人类正义和正道一边的意识，好教师"应该比热爱自己的党派和教会更热爱自己的学生"，能克制自己，不做不义和羞耻之事，要尽量去减轻教育的痛苦，能坚定地站在孩子身后，做他们生命的保护人和精神的范本。"好教师"也不是天生的，当我们有生命的投入，有辽阔的方向，有自己所认定的使命，我们努力"向前奔突"，不怕挫折，不轻易屈服，我们就走在成为"好教师"的路上。最终我们仍有可能自己造就了自己。

以上就是我讲的教师成功的标志，就是要让学生对你产生知识的折服，道德的肯定，情感的依恋，精神的景仰。

最后我再说说一个教师提升、改善的途径在哪里的问题。简单地说，我们首先要有学习的倾向、学习的意识、学习的习惯。福建一个县的教育局长，对教师进行过调查，结果是：60％的教师家里没有书桌，而且常年无阅读。我们中国年人均读书0.7册，这样的数字是很难堪的。文化的落后是一个严峻的问题。我每到一个地方讲课总会问听课的老师：在座的谁家里有藏书1000册以上的，我要向他表示敬意，要长期无偿地把我编的刊物送给他。很遗憾，这样的教师非常少。应试教育不需要教师有更多的阅读，甚至不鼓励孩子阅读。我们的课题实验学校厦门同安第一实验小学正在做建设"书香校园"的事情，每学期对孩子搞阅读排行榜，这对教师也有很大冲击。今天黄老师讲到的哲学家，我们很多人觉得陌生。我们古文看不懂，外文可能也看不懂，我们甚至看不懂孩子写的时文，那么用什么来教学？怎么可能抵达孩子的心灵世界？作为教师，有时候是比较盲目的。我的女儿很有写作天赋，六年级就出了一本书。现在读到了初中，有一天她对我们感慨："不论我的作文怎么写，老师总要这也改改那也改改。"我说："你自己怎么看这件事？"她说了一句让我很吃惊的、听上去有点狂妄的话，她说："我相信老师写不出来。"（全场大笑）她很早就读《安娜·卡列尼娜》、《复活》、《小妇人》、《傲慢与偏见》，现在小说已读了数百本。一个人的阅读量往往就决定理解问题的深刻度，没有阅读的广泛性，我们怎么和孩子交流？我听了那么多课，也时常感慨：我们的教师在课堂能不能有更多新奇的词汇？教师往往缺乏语言方面的改造、提升、调整的意识。实际上孩子不需要没有生命力的"公共语言"。我们需要的语言，我称为"雅语"，雅，就是优雅的，规范的，生动的，独

有时候，一天只需要摘抄一个句子：我要全身心地像我活着的这样活着。

《幻想之眼》

特的书面语。黄老师讲的课，记下来就是非常流畅、变幻、生动、准确的书面语。教师在课堂上的语言不应该是平面的、粗糙的。不断地再学习很重要。

第二就是沟通能力。教师要提高和学生、和同事、和周围的人的沟通能力。我特别强调要学会倾听。我们现在普遍说得多，听得少，甚至没养成听的习惯，缺乏耐心。我们首先要让课堂生动起来，在这个过程中让孩子学会倾听、交流。表达与交流能力的提高应该作为一生没有止境的追求。

第三就是责任意识。孩子未来就掌握在我们手上。新加坡政府在给校长的任命状上写道：你要时时刻刻意识到有无数的孩子的未来就掌握在你的手中。你的言行举止，你的一切不仅决定民族的未来，甚至决定着每一个家庭的幸福，要是我们的校长在被任命时也有这样的提醒就好了。我们说的责任特别要点到这点上。

最后还有一点是要有创新、发展意识。要让我们的职业令人信服，能得到孩子的广泛认同，得到社会的充分肯定，教师需要有这种创新意识。因为时间关系，不知不觉已经是下午两点了，两点在我们福建是上班时间，在我们新疆是下班时间。（笑声）

我再和大家说几个努力的目标，就是十个"学会"。1. 学会宽容，学会善待学生。我们的孩子每一个都有着自己独特的生命密码，带着独特的禀赋，带着不同家庭的影响来到学校，宽容、尊重差异，就是培植文化与人的多样性。2. 学会等待。因为每个人都会有智慧的觉醒，有一个

## 无题（八）

你告诉我，解决人生的烦恼不仅需要智慧，也需要体力，有时甚至体力更为重要。

你告诉我，这个时候，你最好不要出远门，不要去做特别有难度的事情。

你告诉我，没有谁能够帮助你解决必须独自面对的个人"承受"问题。

你告诉我，要经常想一想，"有人和你在一起"。

有些温暖的话语，就这样慢慢地在荡漾。


仍然怀抱幻想

穿过中午空气的身体

现在你不再说话

你想着世界过于美

不需要拐过街角

不需要去领会不存在的词


街那边，你看见

是一丛活在冬天的菊

像我纺着自己的身体

没人解开它的沮丧

白色，是吉祥的露珠

是一刻还没有停止的时辰

精神力量增长的过程，自我意识的形成过程，所以教师要有等待之心。苏霍姆林斯基说，作为教师，你不能轻易说你对学生已经用尽所有办法。3. 学会倾听。更多倾听孩子的心声。4. 学会欣赏，哪怕孩子只有点滴进步，我们也要用欣赏的眼光来看待。5. 学会赞美。教师应大声说出对孩子的肯定和表扬。爱是需要表达并付诸实践的，不少教师表扬学生的词汇过于贫乏单调。6. 学会参与。参与到学生生活中去，真正和学生在一起。7. 学会合作。任何课堂的成功都有赖于师生的对话、互动、合作，而合作能力的培养，只能在合作过程中实现。8. 学会表现。教师要有很好的"舞台感"和课堂表现能力。新疆人能歌善舞，性格率真。就像你们校长，人长得漂亮，能歌善舞，令人羡慕。（全场大笑）9. 学会反省。不仅思考教育方法、策略、技术，更要检讨在成全人的方式、价值取向上的对与错。10. 学会创造。通过成就学生的方式来成就自己。我们的成就感、满足感离不开课堂和学生。要成为有魅力、有感召力的人，成为引领孩子人生方向的人。我们往往知道正道在哪，只是容易产生职业的倦怠和自卑，没能坚持走正道。我们要努力成为一个有价值的有人生满足感、丰富感的人。

今天就讲到这里。谢谢大家！

2004 年 11 月 22 日

# 直面教育与生命的悲情

与福建省泉州市骨干教师
培训班学员的对话

1. 我感觉到，这些天的培训，许多教育专家及学者都知道教育改革的症结和出路在哪里。研究专家是否能向教育行政部门提出建议并改善这些现状？改革处于混沌状态，作为教育家及教育者能做些什么呢？

我要感谢你，这么快就提出了一个有深度、有难度的问题！我首先想到的是我们不应成为"沉默的大多数"。必须有更多的人来思考教育，来呼吁教育改革，来发出教育的声音。在生命化教育研究过程中，我就对实验老师提出我们要做观察者，要做记录者，要做表达教育声音的人。我仍然觉得这种表达很重要。教育有很多真相被遮蔽了，并不是所有的人都知道教育的真相在哪里。就像这次黑龙江的水灾，有很多人在网络上关注这一事件的真相。其实很多人都无从知道，包括照片，网络上贴出的很多留在墙上的孩子的手印，到底是真是假，很多人在讨论。105个孩子在一场水势不大、水流缓慢的水灾之中葬身，令人潸然泪下。它的背后真相是什么呢？不知道。当我们无法改变悲剧时，要有正视悲剧的勇气，对我们身边的教育，我们也应该做一个观察者，做一个思考者。你看这几年乱收费问题特别引人关注，每个学期开学初相关部门都要展开铺天盖地的检查。我相信在座的许多是农村小学教师，现在农村小学特别是山区小学有没有乱收费啊？几乎没有，也不太可能有"乱收费"！就是一点点的费用还要教师来垫资，这种状况有没有人披露出来？每位教师在任教的过程中为孩子捐了多少钱，有谁来关心过你啊？你不要以为大家都清楚，有的连我也不知道。

前几天收到一封永泰的一位小学校长发来的邮件，他不敢署真名，不敢署真名也是我们教育的一个现状。我们把教育的真相反映出来，把教育的沉重端出来基本上都不敢署真名！我看了一下，他非常详细地罗列了学校收支情况，很沉重。一个小小的学校每学期各种费用收了三千元，而最基本的开支要五千元，这意味着每学期要负债二千元。有位教授曾对我说他家里的体育器械比老家那所中心校的体育器械加起来还多。这就是我们的教育现状。我作为一名教育研究者，作为一个刊物的主编，我觉得教育最沉重的问题首先是农村教育问题。城市教育有城市教育的问题，但不管怎样说它还代表了中国今天的"先进"的教育状态。农村教育的凋敝令人泄气。农村的贫寒子弟正遭受怎样的命运与教育？前些天和林高明他们去古田经过我老家闽侯的山区时我说了一句这样的话：感谢上帝啊，虽然我父母把我生在乡下，但幸运的是没有生在这个山沟沟里。我要是生在这个山沟沟里，后来的命运便不堪设想。

我读的中学当时还有福州大批的优秀教师，他们由于政治的因素到我们乡下任教，这样使得我们学校与外界有一个较便捷的通道通出去，但今天的农村的孩子呢？钱理群先生和我谈到现在许多的统计数字说，义务教育的实现率达到95％以上。我说这绝对不可能，只能说孩子的入学率达到95％，而真正接受义务教育的能达到70％就算不错了，可能都达不到。这就是我们教育的真相啊！我说有时候真相必须说出来，有更多的人有勇气去表达它，这一点很重要。你别看它有时候只是迈出很微小的一步，它仍有可能改变这个世界很多的观念、思想、法律和所谓的规章制度。比如孙志刚的死，如果没有网络把他披露出来，我们收容所的黑暗能够曝光于天下吗？政府能够对收容制度作彻底的改革吗？不可能。那个《马燕日记》，也是让整个民族蒙羞的一本书啊！它使我们所有的义务教育和希望工程似乎都成为一句谎言，如果没有法国记者的发现，首先这个女孩子的命运和她村庄里孩子的命运就无法改变，同时它也不可能让更多的人看到我们农村这非常沉重的一面。

在座的包括我在内大多是农家子弟，我们都有教育的责任。我们几乎没办法在大的格局中做出什么，但在我们的身边就有可为的事情，就像我刚才说的，作为一个目击者，一个见证人、观察者、记录者、思考者，作为一个发出自己声音的人，这是一方面。另一方面就是我们能不能对身边那些可怜的孩子给予更多的同情、更多的关爱，对他们的命运能够予以抚慰呢？能够让他的眼睛更明亮一些呢？能够让他对未来有更多的渴望呢？哪怕他的未来不太光明，但要是他知道有个老师对他的未来还有期待，有个老师关注他的未来，我相信这个孩子就会有更好一点点的成长的可能性。其实，我们从每个人的经历中都可以看出，教师的真挚关爱对人的幼年时期的成长，对人生建立的信心是多么重要的一件事啊！就像美国诗人艾米斯说的那样，哪怕仅仅把一只晕厥的知更鸟送回巢中，我们也就"不虚度此生"！所以我很认同钱理群先生的一个观点，我也把它看作自己的行动准则，就是想大问题做小事情，大问题要思考，小事情要去践行。要从我们能够改变的地方去尝试。

比如晋江龙林小学，是一所乡村学校，我去了十几次，我就是想去探寻一下，乡村学校在各种困局中改变的可能性。前一阵子我们在那儿举办了一个研讨会，他们学校董事会的董事们都来了，他们最后谈到这几年对课题实验最感欣慰的地方就是孩子们变得不自卑、有自信心了，孩子在课堂上敢于表达，乐于参与，孩子的眼睛是明亮的，笑声是欢快的，表情是自信的，这就是教育迈出的很了不起的一步。你别小看它，哪怕以后孩子仍可能无法考上一所理想的学校，但有了这样一种精神打底，精神奠基，教育才真正是光明的、高尚的，才真正是有助于人的成长的。

我把这位老师提的问题绕开一下，绕开的目的是为了强调我们必须直面教育、直面教育的责任，其实这种责任，我更愿意看作自己内在的责任，而不是别人强加给你的。别人强加的都可能靠不住，只有把责任当作自己内在的责任，就是当作我们的天职，一种功课，当作我们可以从里面获得生命价值的一件事去做，你才能够去坚持，才能够不那么容易被别人所改变、所扭曲。也许，有的老师会觉得这个话题很沉重，说得也过于崇高了一些，但其实，我们如果能够把我们平常的工作一件件做下来，在这个时代就已经是一件很崇高的事情了。不要小看我们所做的事，不要小看我们每天跟孩子相遇相处时，哪怕是表情、态度，哪怕是身体语言，都是值得我们不断自我提醒、自我改善的一个功课。

2. 近段时间人们对新课程改革的感情不那么热烈，大家又回到了追求语文、数学成绩的状态，甚至还有点变本加厉，如何预防穿新鞋走老路？

可能我们穿的甚至也不是一双新鞋。课程改革四年（省级实验区四年，国家级实验区五年），大家普遍感到它

最重要的工作总是在底层。必须始终注视着底层。只有在真实的相遇中谎言才能够被揭穿。就是在那里，不是从那些仿佛最明白无误、最合理、最经常被描述为事实的东西开始进入，而是从最荒谬、最隐蔽、最阴暗、最惊人的各种事件、现象、行为开始的审视。有些人总是惯于通过"合法"的途径制造各种谎言，遮蔽真相。因此需要有细致甚至残酷的分辨工作。需要更多富有责任与使命感的"不同的声音"。

《教育的十字路口》

遇到了困难，甚至有些人认为根本不存在什么新课程，就像有个词叫新课程，没有一个现实叫新课程一样。所以我们的旧的考试制度可以说都回来了，甚至回来得比以前更为庞大、更为强硬、更为凶猛。可能最大的变化是教材变了，用了新版本的教材，研讨时，大家经常会说到"新课程"，但真实的状态不是这么回事，原因到底在哪里？

从新课改伊始，大家如果读过我的文章，就会知道我一直强调一点，课程改革最重要的前提是两个方面：一要加大投入，教育最大的问题之一是投入严重不足。有人说教师没有尊严，有人说学校很贫困。德国教育家洪堡在一百多年前做了两件有深刻影响的事，一个就是极大地提高教师的工资，结果使得优秀的人才大量涌向学校；一个是实行从幼儿园到大学的免费教育。德国，哪怕经过两次世界大战，至今仍是世界上最富有、最强大、最有创造力的国家之一。这跟洪堡教育改革的理念所开启的制度有很大的关系。中国教育的问题可以说是理念问题，可以说是制度问题，但更主要的、更核心的也是经济问题。你说农村教师有多少尊严呢？很多农村的代课教师、民办教师每月工资就是两三百块钱。像林高明这么优秀的一个教师在仙游一个月工资也就八百多块钱。这是教师待遇方面。从学校来说，现在到农村学校去看看，农村学校正遭遇着前所未有的困难。我们对这些困难真的是估计不足。有很多农村学校真是叫天天不应，叫地地不灵，非常艰难地在维持。福建电视台有个新闻栏目曾追踪报道，福安的一位校长靠假期打工挣点钱来维修学校教室添加设备。很多时候教育就是这样让人心酸心痛。

第二个方面，确实有些问题是我们制度形成的。我们如果不改变教育的投入方式，不改变教育的管理方式，新课程寸步难行，至少可以说举步维艰。所以我在2001年就提出如果这个大前提不改变，新课程很难实现。后来我在网络上发现江苏的"某君"撰文，说现在有些人对新课程抱有诸多怀疑，比如"张文质之流"。我第一次很荣幸地成为"张文质之流"。但是从时间的推移来看，我对新课程的这个判断基本上没错。我前几天去古田翠屏湖，雨下得厉害，古田县教育局长说，一遇到下雨就寝食难安啊！他县里的学校有一百多处的各种危情，可是一点改善的办法都没有。教室是危房，一下雨就只能让孩子出来。没有钱修缮，县里的财政基本上是吃饭财政，再也没有钱投入教育。原来有一个说起来很堂皇的标语叫"人民教育人民办　办好教育为人民"，就是教育实行村、镇、县三级管理，现在发现这路走不通了，农民本来就负担沉重，怎么还能承担教育的支出呢？现在改为以县为主，这还不行。教育投入只有改为以省为主，国家财政为主，并立法保障学校的办学基本标准，才能从根本上解决乡村教育穷困的问题，但这个路非常遥远，不知道什么时候能实现。比如刚才说到的龙林小学，晋江相对来说还是比较富裕的吧，但龙林小学办学的不少资金是靠村董事会给的。晋江的不少教育经费是靠村里、镇里有识之士的捐赠。不过他给了钱当然就要对学校说话，不管懂不懂教育，都要用他们理解的方式来干预教育，这样又有一种负面的东西出

> 我的课堂是圆形的。是两颗水相遇后的圆形。是水波的荡漾。
>
> 《幻想之眼》

## 无题（九）

那种，总是临近
被说出来
变成疼痛的身体
那种细微
挽留着黄色月亮
从江那边
穿过两个冬天的手心
我听见玻璃般的时刻

我获取着自己的粮食
我内心中
轻轻破碎的
声音

来了。

当然还有一点，我也不得不说，新课程对教师提出了更高的要求。教师胜任这种新课程的教学仍然是一件很困难的事。我举个例子，我一位朋友的女儿现在读初二了，就读于福州一所比较好的中学，语文老师是师大中文系毕业的。上课时，孩子会提出各种各样的问题，老师往往难以招架，学生们经常这样说：那就算了算了，不问你问题了，继续上课吧！我的太太在闽江学院教书，她把这个故事说给学生听，说你们现在不用功读书，你以后就会遇到学生对你说：算了，算了，你继续上课吧！经常遇见这种情况，我们会怎么办？一方面期盼教育民主，另一方面内心可能还是个专制主义者。于是就会通过各种纪律、约束、评价，把孩子变傻，变得适应我们的智力程度、教学能力的那种傻的状况。说来说去，还是考考考，老师的宝。为什么要考，为什么要用这种方式考？孩子的创造力和富有灵性的东西基本上都只能被框限在教师的框架里。现在对我们而言，教育素养的提高仍然是一个相当严峻的问题，林高明前天对我的一个观点提出批评，我觉得他批评得也对。我以前一直常说小学教师的素养基本还能适应小学教学的要求。其实我说这种适应还是低水准的适应。

　　我昨天去教了一节四年级的语文课，北师大版的，不知道在座的有没有谁教过《永生的眼睛》这篇课文。我去试了一下。我很赞同钱理群教授、孙绍振教授的观点，其实教师素养在课堂上是极其重要的一件事情。这可能也是你成为教师的第一身份保障。苏霍姆林斯基反复强调教师的智力背景，昨天林高明还跟我唠唠叨叨谈这事，他说教师要达到比自己所教的知识丰富 50 倍，才算是个好教师。说实在，我们许多教师的水平跟教材比能够多一倍就了不得啦！苏霍姆林斯基是要求多 50 倍，你想象一下吧！那教一篇课文在他看来，脑袋里就得有这篇课文的资源库。随便怎么教，随便孩子怎么提出问题，他都能跟孩子探讨，都能给予启迪，是吧。这才是个真正的好教师！所以新课程，我说我们不要以为它是我们的起点，它只可能是我们追求的目标。但是现在这种考试制度真的把我们变得目光短浅、视野狭窄，价值观很容易出问题，很容易只会紧紧地盯住那个分数。我在这里讲课时多次提到这样一件事：有一次到学校去，期考刚结束，我听见这位教师跟学生的妈妈说，这一次某某才考了 98.5，你要好好抓一下。上帝啊，98.5 还要好好抓一下！这种抓，一抓就灵，一抓就有成效，但孩子的灵性就没了。一个人如果只会死盯成绩就完了。

澳大利亚作家理·佛拉纳根说：我还从来没有看过一本不离题的书。

《幻想之眼》

这次我们到古田，教育局长很得意地说，这些年自己没什么好得意的，最大的得意是去年孩子考到北大去了。我们的记者采访他："你的孩子是不是从小就优秀啊？"他说，在高一之前始终都是班上的中等成绩。我说也许正是因为他处于中不溜的状态，他保持了比较良好的心境，这个心境往往决定你成功与否，甚至境界高低。但我们的教育使得孩子非常焦虑，从小就焦虑，从小就把成绩看得很重，这些都与我们教师的课堂导向以及整个评价制度有深远的关系。所以新课程之下的应试教育就这么又回来了。有些学者还提醒要当心新课程也成了"豆腐渣工程"，这些问题都值得我们去思考。

3. "穿新走旧"也源于考试制度、教师聘任制、末位淘汰制，这些导致了"填"与"灌"的现实。你的心目中有没有理想的考试制度、评价制度？多少年后会有合理的评价制度为教改带来希望？

首先在我看来，高考制度已经开始发生一些变化，当然这种变化跟我们所期待的还有很大的距离。最后的变化应该是更加多元化的、多样化的、大学应该有更多的自主权利的考试制度。今天农村教育问题有一个比高考更沉重的话题，就是这些年来，农村的孩子进入重点大学、进入名牌大学的比例逐年下降，像北大、清华差不多就是15%，所以我们很多农村的孩子只能上二流（二流还算好啦！）、三流、四流，不入流的大学甚至那些"野鸡大学"。对农村教育而言情势比城市更为严峻。我那天去江苏（苏北）讲课跟校长说，我说我们现在的教育肯定培养不了一流的人才，但像你这样学校的目标是能够培养一流的考生，能够让更多的孩子去上大学，这还是一件值得去做的事。这是对高中而言。从小学来说，我觉得我们老师要有这样的心态：我们真的要努力为孩子打开一个更广阔的世界，一定要想办法让孩子增加阅读量，一定要让孩子对美好未来或跟现在不一样的未来有个期待。我觉得不管在怎样的考试制度下，这都是要我们去做的一件事。前几天我们到晋江对一所学校作了较多调研，发现孩子的阅读几乎等于零，课文读完后就读《泉州日报》、《泉州晚报》。你说这些孩子，这才真正叫作输在起跑线上，这对他们的未来来说才真是一件最可怕的事情。

我不是要自我吹嘘，我的孩子六年级时就出了一本书，前不久又出了一本书。我几乎从未教过她作文。有的老师说那是你遗传好。我想不能这么简单地看问题。我妹妹的孩子作文也写得极其精彩。我妹妹、妹夫都只读到中专。我对孩子成长的秘密也不太清楚，但是有一点，我非常清楚的一点，就是孩子从很小的时候就开始了广泛的阅读。我女儿现在 14 岁，个人藏书几百册，小说读过几百部。她读的很多小说，你们在座的许多老师不一定读了。《傲慢与偏见》、《小妇人》、《安娜·卡列尼娜》、《复活》，你们读过吗？这些经典的文字你们可能读过，而她几乎把所有的童话也都读了。本雅明的童话你们读过吗？谁听过本雅明？没听过，是吧？广泛的阅读是最重要的写作基础，无论在什么样的考试背景下都要把孩子的阅读当作一

承蒙沈旎好意，她把我写的《教育孩子的十条戒律》贴到了成长博客上：1. 不要当众教育孩子，（尤其不能当着孩子同学的面）；2. 不要在情绪不佳时教育孩子；3. 不要以数罪并罚的方式教育孩子；4. 不要在准备很不充分的情况下教育孩子；5. 不要以别的孩子为榜样式的教育孩子；6. 不要在吃饭时教育孩子；7. 不要在孩子精疲力尽时教育他们；8. 不要在孩子做作业时教育他们；9. 不要在孩子兴致很高时教育他们；10. 不要在孩子睡觉时教育他们。

《幻想之眼》

件大事来做。一个人没有阅读怎么可能有知识的积累，怎么可能有更多不一样的思考方式？这是真正打开世界的一个通道，我们的生命化教育课题实验特别强调这一点。为一个人的成长精神打底，甚至为一个人立精神，生命是从阅读开始的。现在有些学校做得不错。我昨天还收到我们的实验校——建瓯建安中心小学的校报，学校每年都有一个阅读节，还评选最佳阅读父母。这所学校文社被评为全国中小学十佳文社之一。学校地处城乡结合部，经济状况并不是很好，但那里培养了许多人才。所以啊，教育有时候很沉重，有时候我们觉得好像一切都难以改变，但是有些微小的意识、微小的尝试，仍可以打开一种比较美妙的局面，比较美妙的一种可能性来。这就是希望所在。

4. 新课程提倡体验教育、创造教育，成绩看得不那么重要，但是上面的大旗并没有改变，为什么不从教育行政部门入手，改变观念？如果你考砸了，不称职的教师就是你，工作还怎么做？想要这饭碗就要跟着这些分数跑！

可能有时候对于教育，我们很容易这样想问题。我刚才举例一直提古田，因为前阵子我到这个县作了深入的调查，可以作为一个案例。古田的这位教育局长，他的孩子去年高考，是闽东的高考状元，考到北大去了。他当局长八年，古田在闽东高考始终是第一。我跟他谈到这一点，我说，古田原来高考成绩并不突出，为什么这几年会成为闽东最好，你有没有一些招？他说他们始终没有搞统考，没有搞末位淘汰，但他盯着学生的成绩。他们大都采取抽

在福州闽江边为朋友们朗诵诗歌

和博友旺旺在交谈

## 无题（十）

不等于你就会屈服于权势，

看惯那些变化，

其实一切都没变，

我不可能逃脱，

我也不明白别的生活。

考的方式。我说抽考成绩出来你怎么办？他说抽考出来考得好的，他们也没有奖励，考不好的，跟学区、学校一起来分析为什么考得不好，查找原因，提出整改意见；第二学期还要继续抽考，目的就是一定要保障底线。他还认为对教师既不能太松，没有要求的话是对学校对教师对孩子对教育的不负责任，也不能过于严苛，过于严苛的话，负面的东西就会出来了。这些做法他已坚持了多年。我想，这里面也能给我们一些启迪性的东西，它还有一个很重要的前提就是作为局长，他懂教育，对教育有比较好的理解力，他不是采取一种粗暴、野蛮而又简单的方式来管理教育。所以我有的时候不得不这样想，其实在同样的一个教育大环境中，每个教师的遭遇还是会有所不同的，有的人会落在相对比较好的教育环境，获得相对宽松一些的呼吸的空间，有的情况则正好相反。如果局长、校长看到教师教学有些不足时，更多的是帮助他研究，弄清楚原因到底在哪里，而不是简单地用排队的方式解决，我觉得能做到这一点，也是很了不起的。

同时，我在想，在现有的条件下教师腾挪的空间是非常小的，可是我们还得做一件工作，这件工作仍然是必要的，就是怎么来改善我们的班级管理，来改善我们的教育质量，这仍然要花心力研究。同样是市级的骨干教师培训，为什么我们的永春师范办得最好？这跟管理制度、管理方法有关系，跟班主任、管理人员的责任感有关系。你别小看这些东西，这仍然是很重要的。比如说前几天我们听课，每节课上到剩下两分钟，教师都要问，孩子们，你们今天都学了些什么？孩子们一二三地作答。好，课结束。课就是这样上的。我认为先问孩子们你学会了什么是不够的。有两个更重要的东西被忽视了，首先教师要告诉孩子，老师今天讲了什么，教师今天传递了哪些教学要求。比如说平均分，老师对平均分讲了些什么。这是公有知识，也是保底知识。老师讲的是什么要求要让孩子明白。第二才是你掌握了多少。第三还要询问你有哪些地方不理解的，或者哪些地方还有自己的见解，这叫探索未知的知识。公有知识、个人知识、未知知识要结合起来。

苏霍姆林斯基还非常强调课堂中的检测。我曾经在漳平听过一节课，那个教师很厉害，全班学生是七十几个，挤挤挨挨的。但一节课听下来，我就对分管教学的副校长说，我相信这个班的数学平均分能达到 85 分以上。他说你怎么看出来的呢？我说，我看的就是她这种检测的方式。不是简单的检测，检测的成绩有时还有假的，她在课堂上有两到三次的检测，当场批改，这对孩子认知的巩固比较

**给今天的记忆分行**

今天只愿默想，

今天只愿一个人在家的四周走走，

今天要听莫扎特的《安魂曲》，

今天原是平凡的一天，

今天却再也不平凡，

今天的清晨福州还下了一些雨，

今天只愿一直是个阴天，

今天我想起很多的诗人，

他们记得，我也记得，

今天是无数的记忆，我都记得，

今天不知为什么，我特别想家，

想起自己的父母，自己的乡下。

有成效。我们的教学仍然要追求有效教学，这是教师要想办法的。在大的格局难以改变的情况下，我们提高自己的教学能力也许变得更为重要，包括提高我们组织教学的能力，包括提高跟学生的融洽度、认同感，提高自己的知识素养都非常重要。当然可以说，我们的很多处境跟大的体制有关系，但在不能改变这种体制的情况下，我们要改变自己、调整自己、提高自己。我们无法改变世界，那我们就更要改变自己。我们无法改变自己，那我们就试着调整处人处己的方法，总之，生命还是有很大的张力的。

5. 改革停滞不前是受官员腐败、经济落后、体制落后制约的，为什么选择从基层老师入手，是不是方向错了？四十多天的培训，专家都举了一些国外先进国家的教育模式，这会不会不切实际？

关于国外的教育，刚才休息时有些老师就跟我谈这个话题，有位老师问，难道国外的教育就没有缺点吗？我相信即使先进国家的教育绝对也有自己的问题。我刚才打这么一个比方说以前盖房子是盖房子，现在有规划地盖房子也是盖房子。但这个房子盖得不一样，比如说以前盖房子，不会考虑到要修个卫生间。现在盖房子，卫生间可能是非常重要的一部分。一个卫生间还不够，要两个甚至三个卫生间。这个并不恰当的比喻说明同样是教育改革可能起点不同。美国教育在调整，日本教育也在调整，但是跟我们的调整大不一样。确实诚如这位老师所说的，我们真的是缺少一些前提性的东西。

我刚才还跟林高明谈到前提性条件，你没有宽松自由的环境，没有生活的保障，没有职业的认同感，没有工作评价方面的安全感，那我们来探讨改革谈何容易啊！这就如空中楼阁，虚幻而又沉重。你看包括我孩子读到初中，我参加家长会常常感到很惭愧，因为家长会上老师所谈的都是考试，都是成绩，都是孩子这样那样的不足。有时坐在孩子身边感到很羞愧，真觉得像有位老师说的那样自己孩子生得不好对不起大家。我觉得课程改革对学者、构想者而言，它还是有一个对民族教育振兴的责任感在里面，有一个教育的悲情在里面，我觉得对这种悲情还是要有所肯定，他们从事课程改革的推进工作确实很不容易。但是我们还要直面现实，正如你所说的，有一些条件不具备要去做非常难。我们有一些体制的惯性，要么是坚决地拒绝改革，要么就是轰轰烈烈地走过场，以假改革达到反对真改革的目的。这种情况存在得还是很普遍。我更愿意这么说，我们现在暂且不谈新课程，暂且只谈教育的现实，这个现实只能说，比如说，我不太愿意举国外的教育例子，不是说国外的例子不好，不激动人心。但是在我们这儿真的觉得距离太遥远。比如说在福州我不会对女儿说过斑马线的时候你只管走去，车会停下来等你，在国外这可能是惯例，是常识，可在中国哪部车让你？所以在过斑马线时，我跟女儿这么讲，你要想到那些开车的不一定都是"人"，就是碰上绿灯，你还要看一看有没有车硬闯过来，这样你才有最基本的安全保证。

我们研究教育，要这样研究教育，不是说那个规则不对，而是说那个规则没办法实行。在没办法实行的情况下，我们要做什么，就像过马路，可能需要左盼右顾、需要从容一点，有时候不能追求效率和速度，首先要保障的是安全，过马路慢一点就能保障安全，所以这里面有个取舍。就像刚才所说的应试教育这么严苛，我首先考虑的是我怎么避免被淘汰，这可能是第一位的问题。为此我要在素养的改善、方法的改进、学识的扩展，这方面来下工夫。接着我们可能要思考另一个问题，孩子的成绩提高了，这个成绩对孩子的未来有没有意义？在提高孩子的成绩的过程中我有没有做了一些不人道的事情啊？这样我们可能就有更多的反省。这一步一步的反省，还是有助于我们作为一个教师能够做得更高尚一些，能够做得更对得起孩子、对得起社会、对得起我们自己的良心。所以，前提是要保障生存，然后是求取发展。按照我的表达，就是从失落中重新拾回自己，从失败中认识失败，从屈服中重拾勇气；在艰难中赢得生存，在限制中求取发展，在不自由中渴望自由。我还不敢说在不自由中求取自由。

很遗憾，我没有正面回答你的问题。

6. 你对生命化教育深有研究，能不能举几个案例来说明？

比如说生命化教育，它里面有一些关键词，其中一个是"生命在场"，就是说我所面对的是非常具体真实的人。比如说你提完问题，我却看着别的老师回答，你有什么感受？你会不会觉得张老师对你十分冷漠？这个就是有个具体的人在场，这就是生命化教育的方式。

前阵子我们在晋江开课，有位老师问了孩子这么个问题，你们这个学期有没有同学上课从来没有提过问题的？结果有很多学生说自己从未提过问题，而有些孩子则是一节课提了八次问题。为什么你会让某些孩子整个学期都没有发言的机会呢，你在课堂上关注的是不是每一个人呢？所以教育要回到每一个人。集体的成功有时候对个人来说不等于成功，因为我个人恰好是失败者。我每次来上课都要不断地琢磨，我到底要跟老师讲什么呢？比如说今天，在座的各位是培训的最后一天，必然有最后一天的心情，而且前面已经讲得那么多了，你再讲些什么呢？你就要研究具体的人，他有什么需要，你要针对这个需要来进行交流。一个好教师要更多地站在学生的立场上思考问题，要站在学生的立场上来提高学生、帮助学生。这是个前提性条件。今天大家迟到，大家的心情较浮躁，我还是很理解的，我刚才还提醒培训处潘老师不要批评大家。我的第一句话说"大家辛苦了！"，这不是虚伪，这可以说是按照生命化教育的立场来理解人，所以一个教育的理念，有时你去理解它可能会觉得很抽象，但是要回到生命、回到具体的人来理解你就会觉得很亲切，还有一点，令我惊讶的是前面两次发言的都是泉州第二实验小学的吴老师。这所学校是我们课题实验学校，另一位发言的老师所在的学校也是。刚才休息时她们两位聊到还是有很多的东西需要不断的学习，不断的思考，包括提的问题、提问题的姿态都是需要不断提升的。这种自我意识和课题实验的开展有一定的关系。生命化教育在人的自我提醒、提升、自律等向度上真正回到了生命的立场。再比如说，我到泉州第二实验小学和到龙林小学同样讲生命化教育，其实我提出的要求是不一样的。因为泉州第二实验小学已经有了最基本的学校办学理念、办学方向和办学格局。我可能更多是强调怎么朝优质教育的方向来发展这所学校，怎么使更多的教师在专业成长上争取成为名师，成为更有创造力的人。而龙林小学作为一所乡村学校，我可能跟校长和老师强调的是怎么样建立基本的教学规范，让教师在教学过程中保障教学的底线，不至于在教育竞争中处于落后的位置，更多的是在保底的基础上求取学校的发展。作为课题实验，它仍然非常强调个体的差异。所以我们不作一般的简单的规划，要求你达到什么目标，而是根据学校的不同状况，跟学校一同来研究适合它的发展方向，它是灵动的、根据变化而确立的，它是着眼于未来的。

我想这次很难全面地介绍这个课题，我曾有一次在这里讲生命化教育，整整讲了一天。后来，我把这个讲稿收到我们的课题研究资料里面了，叫作"生命的礼赞 ——一次关于生命化教育的讲演"，它总共有三万多字。

7. 教师评价问题是新课程改革的热点与难点。通过学生的考试成绩对教师进行评价能立竿见影，便于管理。如果你是某某区的教育局长，你要怎样来评价教师？

真正的同情心是罕有的。真正的同情心是生命的超然、优越状态。

《教育的十字路口》

谢谢你对我还有所期待，但我很遗憾地告诉你，我是绝不可能成为任何一个区教育局的领导的，但我可以作为一个旁观者来谈一些对教育的看法。如你刚才说的，考试能够立竿见影地见分晓。我们很多管理部门为什么这么看重考试、这么注重成绩，它也是为了便于管理、易于出"政绩"。最简单、最直接的管理模式就是把考试作为评价学校教师的手段，但是他们往往忘记了越是年龄小的孩子，分数越不可能决定他未来的发展。比如说你到幼儿园比较一下哪个孩子跑得最快，跑得最快的孩子以后会不会成为刘翔呢？我敢肯定完全不见得。越是低年级的孩子，越不要急于对他作盖棺论定，用分数来评价他。所以我的看法是"立竿见影"往往是反教育的。至少不一定符合教育的真义。

就举我自己的例子。我现在出了几本书，至少在写作上也是一个比较有自信心的人，我小学五年级毕业考的时候作文是抄班上一位同学的。我抄他才得了五分，而我这位同学，比我考得好得多的同学，现在在我们老家开了一家粮食小作坊。我回去时常会碰到他，黑黑胖胖的，站在门口。而我一见到他，老想起，我还欠他五分。你说这个小学的成绩能判断一个人的未来吗？很难判断。像俄罗斯教育，低年级根本就不留作业，不考试，我们老是认为好像有所谓的中国的国情。千万不要忘记人类的共性永远大于人类的差异性，这才是人成其为人的最核心的特征。但是恰恰是这种普遍的共识和普遍的特征在我们这儿不能成为教育的理念，这恰恰是中国教育最难以迈过去的坎。你看现在连幼儿园也在忙着与小学接轨，叫作幼小接轨。其实在我看来，小学教育应该更多地向幼儿园学习，而不是幼儿教育向小学教育看齐。我们真的太强调立竿见影，太强调效果了，我觉得我们即使无法改变这个教育，但还需要对它有一种更清醒的认识。我们现在的教育做的是揠苗助长的事，从一年级开始孩子就对考试成绩津津乐道，把它当作命根，这种教育很可怕。教育需要给孩子更大一点的可以腾挪的空间。这才可能是好的教育。现在我们给孩子，给他选择，给他反复，给他尝试，这样的空间太小了。当然有我们传统的影响，但我更看重的不是这一点。我们不要轻易地说我们中国有两千多年的传统，人类毕竟进入了 21 世纪，只能更多地强调人类的共识、人类普遍的价值观，而不是仅仅停留在对旧体制、老习惯的眷念上。

8. 课改有时会以失去成绩为代价，如果你是某某区的老师，你是选择成绩还是课改？

我很理解大家的处境。我太太是老师，我弟媳妇也是老师，我现在交往的几乎所有人都是老师，教师都有一些相同相似的处境，所以我刚才强调要在艰难中努力去赢取生存，在限制中去求取发展，首先还是要保障生存而不至于被淘汰。我刚才也说到我们也许暂且可以不谈新课程，就谈我们很现实的，我们应对的。我觉得这仍然有一个我们提高自我素养的问题。我当然不期望今天仅仅把某某区当作一个反面的例子。我想某某区有某某区的问题，其他地方也有其他地方的问题，可能有些是脚痛、有些是手痛，各有各的痛苦。托尔斯泰说，天下幸福的家庭总是相似的，不幸的家庭各有各的不幸。我想幸福有时候也不一

每一个孩子难道不是因着同样特别紧要的缘由才降临到我们中间？每一个孩子，他将经历，像一滴雨一样光滑、灵动、纯洁，具有勃勃生机，每一个孩子都在共同努力构成人类和大自然周而复始的永恒；每一个孩子，它映衬出世界多么斑斓美妙的色彩？每一个孩子都带着秘密的使命。

《幻想之眼》

样，倒是不幸有着共同的特征。所谓共同的特征，无非是没有自由，生活艰难，环境恶劣，看不到出路等等。

我还有一个想法，这也是我时不时会思考的问题，就是我们还是要争取增强自我生命的强度。这要靠我们广泛阅读，靠提高我们的素养以使我们有更多的生存能力，有时甚至在现实的困难面前还要有搏命一击的勇气，有毅然决然走出我们环境的这样的魄力，这样才不至于被人家给踏死了。有时候说实在的，人啊，真的会像一句俗话说的，被一泡尿给憋死。如果我们真的觉得这个环境太难了，我们为什么不想去改变它呢？为什么就没有勇气去改变一下生存的空间呢？为什么我们有些人就适合或只能在高压底下生存呢？我们为什么没有勇气去尝试一下改变呢？

这是值得思考的，说起来很沉重，我曾经也尝试过。我原来在某个研究机构工作，就因为当时编刊物与某领导有些不愉快，他给我穿小鞋，我当时选择的不是说要和你抗争，被你罩在这儿，我怎么跟你抗争？我采取三十六计中的最后一计，走为上，就像李白说的"仰天大笑出门去，我辈岂是蓬蒿人"。说天生我才，不是说每个人都是天才，但一个人肯定能找到相对而言更适合他的发展环境。我前几天还跟在北京的我的老师黄克剑先生谈了一个观点，我说民主国家不妨小一点但是集权国家一定要大一些。要是集权国家只有福州那么小，我就完蛋了，我要想来泉州讲课都不可能。我总体上感觉，我们很多老师还是有能力的，就是有时候没有空间让你们显示能力，来提高你的能力。这实在是一个很遗憾的事情，不管怎么说，我们自身的第一责任人，肯定是我们自己，这也是我们生命化教育的理念，"功过自承，咎由自取"，我们要做自己的第一责任人，而不仅仅把责任归于客观，归于环境，归于体制，归于你的上级。

9. 参加培训的教师 90% 来自于农村，你是研究生命化教育课题的，关于农村小学教师的生存状态和生命质量谁来关注呢？能不能不花钱就能改善我们的生活质量？

我自己也是从农村出来的。我有一次在这里曾说，我脚上的泥巴还没洗干净，脚底还是乡下的泥土。虽然我生活在城市，但我的不少心态，还是一个乡村的人。乡下的环境我非常清楚、非常熟悉。我还会时不时地到乡下我们的学校去看一看。这几年我们生命化教育最主要的是在乡村学校。龙林、永和、郊尾、枫亭、福州的潘墩，大都是乡村学校，我们觉得，最主要是对于乡村教育我们要有更多的责任，要有更多的人来关注乡村教育。我前天跟我主编的两个刊物就是《明日教育论坛》、《福建论坛·社科教育版》的编辑都提到，我们一定要把更多的目光投向乡村教育，这是我们的责任，也是我们的良心所在。跟乡村教师交谈，我认为我说的话是很由衷的，我不说一些我做不到的事情或一些无关痛痒的话。我希望我们的交谈能够帮助大家有所思考、有所调整、有所改善，像你说的提高我们的生命质量，提高我们的生活质量。为什么要把生命化教育引向乡村，就是让乡村教师在现有条件下可能有一些更好一点的精神生活，有一个精神的话题，有一个专业方面的更好一点的发展目标。这是我们做实验的心思所在。

同时，我们也发现，真的要迈一小步都很困难。所以我又提出我们要学会妥协，学会调整，在妥协中前进，在调整中提高。现实有时很苛刻，苛刻到你无计可施，你很难有所作为，我就想，我把我的起点再放低一点，低到什么程度啊？低到要保障我们不要精神错乱，不要英年早逝，无法健康地去走完人生，这是一个前提。林高明好几次跟我说，他原来所在的学区有好几个老师在 59 岁去世。官场上有 59 岁现象，那是趁着退休前大捞一把，而乡村教师也有 59 岁现象，没办法挣扎到 60 岁领到退休工资。这就是教育的沉重，所以我们首先要保障我们健康，努力保障家人更幸福的生活状态，这就是我们最大的责任。教师有时候喝喝酒、打打麻将，甚至玩六合彩，我不会想到哀其不幸怒其不争。为什么呢？这叫作生存环境啊！你刚才说怎么不花钱也能改善生活与生命质量，我以为一定要有一个小团队，有一个哪怕是微小的目标。我们偶尔能在一起谈谈教育，谈谈我们读的书，甚至，结伴去郊游，到哪里去看看山看看水，都是一种可以去做可以去尝试的生活。我觉得乡村教师物质贫困固然可怕，更可怕的是没有精神生活。夜幕一降临，每个家庭都成为孤岛，这才是最可怕的。

还有一些教师，生活在学校里面，跟社会完全隔绝也无法交流，也看不起那些农民，双重隔膜，孤独不安，这很可悲。我觉得对一所学校，生命化教育还是无法指望它能达到多么高远的目标，但是它能够多少改善一点教师的生活状态。比如说，我们开始读书了，我们开始交流教育的心得了，我们遇到困难时开始研讨了，我们学校的人际关系有所改善了，我们跟校长彼此之间更亲切了。我觉得这就是教育对人的成全，对人的生命质量的改善。所以教育一定要有助于世道的改善，有助于人道的提升。这种微小的东西，我觉得我们有意识就可以尝试，包括我们有些话要与别人交流，有爱要表达出来，有想法要去实践，在这个尝试的过程中，你的生命就会有更多的奔头。你不要小看这微小的奔头。我前次去了连江的一个小镇上的一所学校，校园里长满了杂草，我就对一起去的同事说——他认识这个校长——这个校长没有尽到责任，把杂草铲除了需要花多少钱呢？不是钱的问题，这是意识的问题，是责任不到位的问题。我们有时是大事做不了，小事又不想做，这可能是我们教育特别没有尽到责任的地方。

我想你刚才讲到生活质量，你即使生活在农村，也应该把家弄得干净一些，你肯定会每天洗头吧，你肯定会把皮鞋擦得更亮一些，你肯定每天要换衣衫吧，你肯定是希望你的食物更丰富更健康吧。有这个意识与没有这个意识还是不一样的。这就是微小的价值。希望大家在参加完四十多天培训之后，以后不论对待太太、对待丈夫、对待孩子、对待学生的态度都能有所改变。让我们的目光变得更柔和一些，让我们心思变得更细致一些，在责任之中表达出我们对生命的眷恋。

创新需要宽容失败，宽容背叛，忘记失败，忘记规则。

《教育的十字路口》

2005 年 6 月 22 日

# 如何建设一所优质学校

在福建省仙游县
义务讲学的记录

我们今天冒着酷暑，坐在拥挤的会场里，探讨的话题与其说是对美好教育的期盼，不如说是在几乎不现实的时空中表达我们对教育的某种信念，我们描摹的一切也许显得一鳞半爪，既不完整也不明晰，但在我们共同的言说之中，一条可能的道路进入了我们对美好教育的想象——我还有勇气这样说，谈论这样的话题已足以表明我们的责任与期待，因此，无论如何解题也许都是合适的。

我这样说，也是因为我根本不可能先给予"优质学校"一个"权威"的界定，我只能直扑自己的体验与感悟，我是一个"生存主义者"，我总是要从"自己"出发。也许，每次讲课，要面对众人，我都深感压力，相当紧张，夜里都睡不好，下午讲课，中午更不可能入睡休息一会儿，我知道这种状况的源头——一个自卑、阴郁的童年，它的影响几乎会绵延你的一生，因此谈论优质教育，谈论优质学校所带给每一个人的"更好一点"的童年，其实是大家共同的需要。

我要讲的首先是通向优质教育的第一步，是要确立一个明晰而重要的教育目标。

美国教育家鲍伊尔一生从事教育事业，在美国各地作过几千场的教育讲座，对美国的教育发展尤其是基础教育的发展有着重要的影响。很多人问他对于一所学校而言什么最为重要这一问题，鲍伊尔认为，在任何一所学校有一个共同的奋斗目标比什么都重要。说实在，我第一次见到这个见解时颇为吃惊，我们可能会想一些比较复杂、似乎更为"高远"的问题，但这些年我自己的教育实践使我认识到鲍伊尔的观点是至理名言，它是指向现实又具广泛指导价值的。也因此我甚至觉得我们这次课程改革虽然有许多很好的理念，但是显得太复杂，需要解读者不断地去解读，去重构。我担心的是它作为教育改革行为过分"学术化"、"学理化"，以及在实践过程中的"虚幻化"。对整体教育行动的把握，我希望它能明确亮出自己的观点，这就是要确立一个明晰而重要的目标。这个目标我想用四句话来说。

1. 教育必须为自由社会培养公民。

教育必须着眼于未来、着眼于世界、着眼于发展。教育必须有基于现实但又具有"超越价值"的目标，成就什么样的人从来都是教育的核心价值，也是最值得质疑和深入问询的问题。现在已经进入 21 世纪了，我们的学校文化有多少是能够与世界、与人类普遍的文化共识接轨的呢？我们自卑、自贱，自我压抑，胆小怕事，何时才能昂头、坦然地说话，说真话，说我们内心渴望表达的话？在课堂上，在学校生活中，我们是否意识到这才是教育最根本的价值所在，并力图坚定地试行之呢？也许，我们还是要承认，诸多条件并不具备，但是教育仍然有一种先导性的价值，即它是着眼于未来更美好的社会的，它是奠基性的，并不是有什么样的土壤就只能有什么样的"产品"。在知识领域、在人的精神领域，从来都具有这样一种力量："革命性"的思想、成果其实是可以在相当不堪的环境中萌芽的。所以鲁迅先生也特别强调教育根本的目的就在于"立人"，把人的外在形象立起来，把人的人格气象立起来，把人的内在生命立起来，从而把"真正的人"立起来。这既是教育的责任，也是学校时刻要有的践行的意识。同时，教师首先应该成为自我反省、自我革新的一员。我深深地感受到，我们从来都缺少坚定地把孩子培养成有责任感、有独立意识、有判断力，同时生命又是非常阳光的那样的人的教育信仰。我说的是一种呼唤，是在充斥着强制、不公正、价值偏颇、人格缺陷的社会环境中，一种渺远而又让人向往的教育期待。

**送赵赵六首诗**
——仿赵赵赠我的阿巴斯·基阿鲁斯达米

1
我写我的诗吗
我写我的字吗
在淡蓝格的纸上
纸被谁翻过

2
仍然三只眼的泉
见了才知道曾经听
　说过
才知道只是
难以止息

3
霜白过自己的眉毛
浅浅的草上
一个清晨
比它更短暂

巴西著名教育家弗莱雷说，我们往往对在不自由状态下的安全感过分迷恋，对真正的自由却缺乏渴望，所以我们更容易选择委曲求全、选择明哲保身。选择既是"难的"又是叫人不安的，因为对正义的选择意味着承担与责任，意味着某种利益的让渡，意味着牺牲以及无法预想的种种后果。从辽远处说教育毕竟是立人的事业，是着眼于发展、着眼于未来的事业。它需要教师更多地具有这样的意识：教师首先应成为人格独立的人，教师能成为肩担正义的人，教师要成为能够引导孩子走向光明与辽阔的未来的人。当然这样的思考与现实是错位的，有时还会让我们产生一种危险感，其实在具体的生活中我们是很容易意识到危险之所在的，也很清楚有哪些理念几乎无法施行，于是我们甚至倦于思考与行动了。我们变得极其"唯物"与现实，有的人还会变得格外狰狞。去年我的女儿上了中学，有一天晚饭的时候，她不经意地说了声学校乱糟糟的，不知道厕所在哪里。我和太太一听惊讶得不约而同地叫起来："怎么!? 你两天没上过厕所?"女儿说："是啊，不仅我两天没上过厕所，学校的许多同学也是这样，因为我们都不知道厕所在哪里。"可是他们为什么不敢问老师呢? 后来我一直在思考是什么力量使我们的孩子这么胆怯，这么卑微，这么缺乏自信，哪怕正常的生理需要也只好克制它再克制它。这是非常可怕的教育的现实。

2. 教育要着眼于每一个人的发展。

每一个人的发展构成社会发展的总和，社会的发展有赖于每一个人的发展。但是我们的教育最缺乏的就是对每

4
如果你听见琴声
就会看到
一队缓步而行的白
蜘蛛
5
在泉域有人看见
在水上闪动的
确实不是李清照
6
芭蕉累了
还有石榴
还有仰望的人
全忘记了

一个人发展的重视与用心，缺乏对每一个人发展的责任感。就像今天上午我讲到仙游街上到处张榜挂着各个学校今年高考上榜的数字，有哪一位校长会亲自过问一下那些落榜的孩子？很少有校长能够真正意识到，把我们的关爱送给在学业上暂时遇到失败的人是多么的重要！我们的目光常常只投向那些成功者，我们的教育对弱者、发展迟缓的人、学习困难者太缺乏最基本的仁慈，这一点几乎已经成了我们职业的习惯和原则。

我曾经看过一则报道，美国的盐湖城举办冬奥会，该城的中小学校都有一个校本课程，主题就是花一年时间认识一个参赛国。有一所学校要认识的国家是中国。有一天，他们请中国参赛的运动队来学校与学生对话交流。孩子们席地自由提问，气氛很活跃。活动结束时中国使馆的某官员致词：现在我们要把两个书包作为礼物，一个送给学校最优秀的男生，一个送给学校最优秀的女生。通过英语翻译，整个会场显得寂静、冷清，令人难堪与尴尬。为什么呢？事后校长告诉这位官员，学校从 1960 年创办到现在从来没有评选过最优秀的男生女生，因为我们所有的孩子都是最优秀的。最后学校把书包放在荣誉室献给最优秀的男生"们"和最优秀的女生"们"，这个"们"字便是教育境界的差别，也是中国教育与世界教育的差距所在。我们基本上是从孩子上学的第一天便开始对他们进行成绩评定，甚至作判断的。包括今天上午，有位教师一开口就用了"差生"这个词，就是这种心态。这个词真可怕，但却被我们公开、日常化地应用着。实际上我们高考考不好，高中的教师往往会怪初中的教育不好，初中的教师则怪小学的教育不好，小学的教师则怪幼儿园教育有问题，而幼儿园教师最后只好怪家长生得不好。

我一个朋友有次参加家长会，因孩子特别调皮表现得很不好，幼儿园老师就问他，你这孩子是怎么生的？我们惯于对孩子早早作出判断，对问题层层找理由。每个人成长的环境、家庭对孩子的期待各不相同，每个孩子智能状况各不相同，学习心向也不一样，怎么能简单地对之作评判呢？所以真正的帮助都应该是具体的、个别化的，同时还需要有足够的耐心。每个教师经常要想到"具体的人"这个概念，并且把它作为自己的教育准则。有一次我与一位美国教育学者交谈时，谈及评价问题，他认为美国教育更强调对每个具体个人的评价而不是采取平均分评价的方式。用平均分来评价有很多不合理之处，比如有的班级有智力缺陷的孩子，用平均分来评价对孩子来说是不公正的，对教师来说也是不公平的。再说孩子的家庭文化背景不一样，比如有些孩子的钢琴很好，这并不一定是音乐老师的功劳，实际上背后是父母更多的投入。如果没有把这些要素考虑进去就进行评价是不科学的、不可靠的，但是我们现在许多评价都追求立竿见影的"一把尺子"的评价。所以苏霍姆林斯基有一个反省性的看法就是多一把尺子便多几批好学生。在我看来其实也许根本就没有所谓的"差生"，只有不同发展阶段的学生，只有在不同领域发展的学生，而这很难用今天这样一种尺度来作单一武断的评价。

昨天我们在厦门研讨会上，林茶居还强调苏霍姆林斯基之所以成为苏霍姆林斯基，最让人敬佩的是他一生中留下了六千多名学生的个人成长档案。我们在座的校长，你手头有多少学生的档案？你能叫出多少学生的名字？你一学期听过多少班级的课？这些工作既是我们的专业要求所在，也是校长的责任心所在。但是，我们一天到晚忙于会议、忙于应付各种检查、忙于各种应酬，是不是经常忘了自己真实的身份？教育既关涉制度、理念，其实更是一个"践履"问题。我们以前写的文章，学生都是无名的"××"、"某某"，这些都不是具体的学生而是抽象的没有体温的人。你翻开苏霍姆林斯基那么浩瀚无边的著作，里面每个学生都是有名有姓的，甚至家长也是有名有姓的，这就是关注的目标不一样。

3. 倾听窗外的声音，培养视野开阔的人。

严苛的应试教育使学生的视野越来越狭窄，学习基本上是围绕考试转，教师读的书也微乎其微，很多人的心都枯死在对考试成绩狂热的追求上。昨天在跟林高明聊天时，他自豪地说，他的书虽然不会比我的书多，但至少在仙游县称得上是个藏书家。作讲座的时候我经常会问这样的问题，今天不妨也问问在座的校长，谁家里有 1000 册以上藏书的请举个手？——哦，后面有一位，这样的老师太少了。我认识的小学教师中只有连江第二实验小学的姚春杰副

下午自己的时间不会有别的花朵，也不要自我惊扰，如果你能够浸入你就已经开始享受。

无题（十一）

校长家里有两千多册藏书。有一个县的教育局长曾经作过调查，发现全县 60% 以上的教师家里没有书桌，备课改作业都在饭桌与板凳上进行，我不太相信教师贫穷到连书桌都买不起。是什么原因使读书变得如此没有意义，使教师们可以堂而皇之声称自己只看报纸和新闻联播？台湾著名作家龙应台写过一篇文章《一本书的背后》，说到中国内地出版社有 564 家，而台湾则有五千多家，台湾人口是 2300 万，而我们福建省就有 3700 万人口，这个差距真是触目惊心！在德国，龙应台介绍，哪怕在乡村任何镇上都有公共图书馆，都可以买到德国作家最新出版的每一本书，都定期举办最新作家作品朗诵会。她曾经参加过一次作家作品朗诵会，来了寥寥三十多个听众，来朗诵的作家、诗人却也有将近三十人，到了晚上一点多还有人坚持着继续朗诵。这就是文化的魅力，一个人身处其中怎么会不受影响呢？文化的氛围培植也是这样一点一滴地开始的。

我们的学校有这样的意识吗？如果一个教师一个学期从未向学生介绍过一本新书或者从未与学生谈到过自己的阅读体验，那么我敢断定他不是一位好教师，更不可能是一位有广阔的心灵世界、对生命充满感受力、对新奇的事物有探究意识的人。在应试教育重负下，读书已不再是我们教师的一种生活习惯了。倾听窗外的声音，沉浸在一个美妙的书香世界中何时还能成为我们每天的功课呢？晋江市教育局施正琛副局长多次对我说到，他在朋友圈中和一小部分教师那儿倡导的读书行动：我们再贫困也要买书，再忙也要读书，朋友的交情再薄也要送书，要把酒橱改成书橱，把麻将桌改成书桌。昨天晚上肖川老师问陈升阳校长的第一句话就是：你们学校有没有教师读书计划？迈向优质教育，也许就是从营造读书氛围开始的。

倾听窗外的声音，对仙游的老师来说，或者说对闽南的老师来说，还要特别强调要学会用普通话进行交流，特别是在有一个不懂方言的人面前交流时绝对要用普通话，这不仅是对客人的尊重，更是一种文化状态。我到莆仙和到三明的感受完全不一样，到三明所有的人都说普通话，这样的姿态是不是更有助于我们的交流变得平等、敞开、自由？去年我们刊物有一个调研会在莆田举行，我带了一个编辑一起参加会议，她能言善说，善于交流和沟通，但到最后，她对我说，张老师，我没能完成任务。因为在饭桌上，一桌的莆田老师都说方言，她不断引起话题他们只冷漠地回应了一下，就回到自己方言的世界去，完全不顾桌上还有一个人一句也听不懂。语言是交流的一种工具，用方言交流时，我们心灵可能就更封闭，对新环境可能更缺乏自信，对新的尝试可能更畏缩，甚至对他人总是心存戒心与敌意。如何走出自卑、自闭、冷漠，并不是一件容易的事情，从哪里开始有所改变有所调整呢？"请说普通话"，起点是很低的，却也是极为现实的问题，更不要说教师、校长本身就是学生学习的范本。当我们不断收缩自己，直到仿佛躲进一个可靠的硬壳时，世界的门是不是也对我们关上了？

倾听窗外的声音，也意味着学校要有读书节，要有读书报告会，要有丰富多彩的讲座。记得我从小学到高中毕业总共就听过两场讲座，都是我中学老师作的，一场是毛泽东读书故事，一场是教导主任用方言讲水浒，至今记忆犹新。我想要是我学生时代听到的讲座不是两场，而是十场，甚至是五十场，我的生命发展轨迹是不是会因此而改变呢？"与君一席话，胜读十年书"，在我们生命的最关键时刻，这样的启迪是何等的重要，那些美丽的声音一定会把我们带入一个令人向往的神奇的世界。有了这样的启迪，我们的眼界、期许就大不相同了，我们几乎因此可以辨别出自己在未来世界中所向往所渴望的位置。可是，我们的现实却是，不仅我的童年是荒芜的，今天绝大多数儿童的心灵也是荒芜的，教科书、教辅、练习册、成绩单几乎成了童年记忆的全部，真不知道从哪里可以感受到生命的神奇、未来世界的可以期待。各位校长，你们是否也思考过这些问题呢，我知道你们都有很强的"现实感"，但是否也能时常想到"未来"、"记忆"、"期许"……这些词呢？生命最大的意义在于它本身就是生成性的，需要一把"活火"使之不断燃烧，使之朝着梦想的方向不断拓展。古人说："虽不能至，心向往之。"我想说，教育应该让人葆有梦想。我的一个朋友曾经问我最大的梦想是什么。我说是希望五十岁之前能到法国留学一年，全不为学位或荣誉，就想感受另一个世界的生活。我们还能和孩子一起做梦吗？

4. 学校要成为自由交流思想的园地。

一个学校应该有常设的教师论坛，并使之制度化、生活化。也许开始时起点并不一定很高，但不要着急，关键在于坚持，在于耐心，专业发展是一个过程，校长积极的推动更是极为重要。我们很多工作毫无成效最主要的原因在于，我们缺的是教育的心灵，于是我们往往并不相信自己工作的意义与价值，在功利方面又有强烈的欲求，于是形式主义盛行，凡事都只能徒具"象征性"价值，久而久之，学校就不再具有自己的学术品位，要谈专业引领、同伴互助谈何容易！有位老师曾问我，教师之间什么样的关系最为理想，我说简单的表述就是彼此间形成一种"学术性交往与亲情性交往"。没有学术性交往，学校的整体教育水平的提高是不可能的，而如果没有亲情性的交往，教师之间往往彼此冷漠，很难形成一个团队。当然，这一切的关键还在于校长，在于学校的制度。专制型的校长，严苛的评价制度，教师之间就会充满戒心与敌意，很难会有惺惺相惜、心心相印的心态，这样整个学校的人文生态环境就可能相当恶劣，由此，甚至进而影响到师生关系，学生与学生之间的关系，更谈不上学校有什么良好的人文氛围了。我们真的需要一种"挣脱"的心态，从"敌意"、"冷漠"、"恐惧"中挣脱出来，从"自闭"、"自轻"、"自贬"中挣脱出来。一个能够自由表达、诚意倾听、彼此欣赏的学校才是真正值得眷恋的。

好，先休息一会儿。

今天下午天气真热，刚才休息时我到会场后面去坐了一下，感觉气温很高，我坐在讲台上也是汗流浃背，汗衫

有时候你心中突然闪出的意念：必须无限热诚地去接纳世界的复杂性；必须坚定地相信渐进的、探索的、未知的变革；必须以最大的活力去改善自己；必须清醒地认识到并不是最干净的薪柴才能燃起更为炽热的火焰；必须时时地面对而不是回避；必须时时地在矛盾之中重拾对生命的思考和信任。

《幻想之眼》

都湿透了，大家能坚持下来真是不容易。不过，下午的会场比上午好得多，上午的讲台又高又远，让人感到很孤单。有些教育的道理如果是坐在高处讲，可能更靠不住，最好还是坐在一起细细交流。

接着上午的话题，即迈向优质教育首先要确立一个明晰而重要的教育目标，谈第二个问题：必须有坚强的领导来团结和调动学校的各方面力量并使他们有效地工作。

1. 校长的领导首先是教育思想的领导，然后才是行政领导。

这是苏霍姆林斯基的名言。所有学校的校长，他的第一个身份一定是一位教师。也就是我们现在喜欢讲的只能是平等中的首席。那么作为校长首先要把目光投向课堂、投向教师、投向每一个具体生动的孩子，这应该是他工作的核心。在新加坡，每位新任校长都会得到一份教育部的任命状，任命状上这样写着：在你的手上维系着无数孩子以及他们家庭的幸福，当你接受任命时应时刻想到自己责任重大。我经常跟校长们开玩笑说，像我这样脆弱的人是不适合当校长的。校长应该是更坚强的人，更能战胜生活中困难的人，更有自己人生追求与目标的人，是不屈不挠的人。可以说，校长这一职务被赋予了神圣而崇高的使命。那么校长就更需要用真正的教育思想来领导学校、领导教师。我最早是在叶澜老师给泉州市重点中学的校长作讲座时，听她明确提出，校长的尊严首先来自于他的教育思想，没有教育思想的校长是没有真正的尊严的。作为校长，确实要经常扪心自问，我们凭什么拥有这一职位？我们不是凭一纸任命而真正成为教师团队中的领袖和平等中的首席、成为能够把握课改方向的人的。就我的体会而言，这一职位虽然留给我们创造的空间不是很广阔，但还是有足够我们施展才华的地方。一个人能坚持三五年就必有所成，必成气候！但是在具体的生活中，时常有教师对我说他最恐惧的是校长经常说这句话，你不好好工作，你小心下岗！并且大会小会都有意无意地提着"下岗"这个词。让教师生活在恐惧之中，他们怎能对这一职业有认同感，怎能为这一职业付出自己的心力？而且，如果教师生活在恐惧之中，他所受到的威胁很快就会转嫁给学生。

2. 校长要有坚定的服务意识，良好的专业素养，教育家的办学理念。

特别是服务的意识，我们平时所做的一切便是为教育教学服务，为教师服务，为学生服务。有了这种服务意识，你不会动不动就把责任推诿到社会、推诿到教师、推诿给学生，而是能够勇于承担自己作为学校第一责任人的责任。现在很遗憾，前阵子我听到有的教师说，校长们都是"教，为了不教"，教书好的可以当校长就不必教书了。他们把叶圣陶的话恶意篡改了。"教，为了不教"，后来干脆连教室也不进了。我到过的一所学校，设备非常齐全，校长室里还设有监控室，校长只要一摁仪器就可以看到每个教室的上课情况，这让我相当紧张。我觉得一名好校长不应是教师的主宰和仲裁，而是应该更多地与教师站在一起，身体力行、感同身受的人。而且话说回来，在监控室看课堂也和在教室里的感受完全不一样，你生命不在场，

右栏批注：

谁走在我的前面，谁就可以当我的老师。

《教育的十字路口》

你怎么会有真挚的教育之心呢？谈到教育家的办学理念，有人认为过于高远，不切实际。大家都说 1949 年以后我们不再有教育家，不再有为了教育、为了自己的奋斗目标不惜牺牲一切，甚至用整个生命去追求的人。我们确实无法做教育家，但要有教育家的理念，就是要维护教育的尊严，维护教育的独立品格，要坚定地站在教师这一边，站在学生这一边，站在学校发展这一边，以成全教师、成全学生为己任，而不是唯上、唯风，唯命是从。在今天，这样的要求已经算是很困难的了。

3. 学校要有广泛的合作网络，丰富的校外资源，与家庭、社区、社会形成和谐的互动。

今年我的孩子已经读到初中二年级了，对我而言每次去参加家长会都是极痛苦的事情。这样的会一般一个学期一到两次，每次都要开上两三个小时。校长，副校长，段长，班主任，各科教师一个个讲话，说得"语重心长"，"都是为了家长好"，"为了学生好"。但是学校领导与教师很少意识到公开地、毫无掩饰地、毫无顾忌地当着学生父母的面谈论生源的"好"与"坏"，这对每一个学生的父母其实都是一种污辱。什么叫好，什么叫坏，只要孩子成绩不理想，作为父母就要始终背着生育与教养方面的"原罪"，每逢这个时候我都要羞愧地低下头去，那些比我孩子"成绩更差"的学生的父母心情更是可想而知。当年，我的老朋友、教育学者王永先生参加孩子家长会，有位教师在历数学生种种"罪恶"之后，竟将原因概括为"这叫作有其父必有其子"！王老师后来对我说：当时我恨不得有个地缝钻进去。现在也轮到我不时体会到类似的境遇。我们的教育在这方面确实缺乏起码的审慎与边界意识，更缺乏应有的反省与端正的教育品格——所以，我太太经常对我说，家长会还是要你去参加，这样你才能真正体会到教育的痛楚与不堪！

说实在的，我们很多学校和教师重视开发的是这样一种"资源"：某某学生的家长当什么官，某某学生的父亲挣大钱，至于其他的，特别是具有教育正面价值的资源则关注得相当少，"家长学校"不过是一个牌子，"家长委员会"也形同虚设，就是家长会也往往是校方一言堂，是通气会，"教育家长"的讲台，有些学校领导在家长会上骂起家长就如同是在骂学生。绝大多数的家长在学校面前，特别是在所谓的"名校"面前，都成了"弱势群体"，哪里谈得上发挥他们作为"资源"的价值？还有一点我感触很深的是，在初高中学校的家长会上你基本上听不到任何的教育新理念、新思想，他们谈的都是考试、都是成绩，学校还往往认为"应试教育"是政府逼出来的，是社会、是家长逼出来的，其实初中学校、高中学校既受害于应试教育，同时又是应试教育的受益者。学生的成绩直接关联到学校、教师的各种利益，更直接一点说，在目前这种情势下，没有谁是"无辜"的，谁都在为"应试教育"的灾难添砖加瓦。因此谈教育，有时候谈的就是挣脱之道，谈的就是多一点"少做坏事"、"减轻罪孽"的意识。我们经常以为是为了孩子好，是为了自己的孩子能逃脱，最后却是适得其反，谁都陷进去了。儿童们既没有童年，也没有

**夜里十一点**

夜里十一点
不知要写给你
什么诗
我已坐在桌前
空气继续嗡嗡
我好像是突然听见
没有人和我谈及
一条街的喧闹
没有人附和我
说是站在窗下
一夜都睡不着
你不明白
这不是你的生活
不是你在看
自己的风景
你写下的字应和着
轰鸣的井盖
总是相隔太远
总是离别太久
总是当你往窗外
看去时
根本没有人

未来，更很难有幸福可言，一辈子都生活在晦暗与各种失败的阴影之中。

4. 学校的发展取决于社会的共识，取决于办学的个性。

美国学者古德莱德说，只有健康的国家才有健康的学校。我们学校中许多病态不健康现象与社会的病态不健康是一回事，教师与校长的关系的不正常与社会各种人际关系的不正常是一回事。学校不是孤岛，它受制于整个社会发展的状态。我们对课程改革的期待很急切，但是完全低估了体制滞后所带来的巨大的反制力。现在要谈教育创新是很困难的，要谈特色学校，也往往是所谓的"特色"，不过是点缀或根本就谈不上有多少教育的正面价值。课程改革留给学校的空间本来就很小，再加上我们又缺少教育的"本心"，改变的可能性真是少而又少了。好在还是有一些学校在逼仄的环境中努力营造着"小气候"，比如厦门同安第一实验小学，提出了 20 条迈向优质学校的目标：

（1）学校确立"教师第一"的理念，尊重、信任、关爱每一位教师，努力为所有教师的发展提供制度保障；

（2）学校有教师共同参与的以提高教学质量为目标的课题实验，有影响卓著的教研成果；

（3）学校有各种教师的研究组织和自由交流的空间；

（4）学校有广泛的合作网络，丰富的校外资源，与家庭、社区、社会形成和谐的协作、互动；

（5）学校有在丰富本土文化基础上发展起来的、

富有创新精神的办学理念，始终自主规划行动，并努力在所有的行为中体现自己的理想；

（6）学校有一批学识丰富、情感细腻、个性独特、富有人文情怀和课堂创造力的教师；

（7）学校的教学质量始终得到社会的广泛认可；

（8）学校不让任何一个学生受到忽视和歧视；

（9）学校不让任何一个学生失去信心；

（10）学校不让任何一个学生毫无专长；

（11）学校不让任何一个学生得不到尊重；

（12）学校不让任何一个学生失去梦想；

（13）学校中有形形色色的小明星；

（14）学校中有各种各样的爱好者组织；

（15）学校中有丰富、平等、自由的对话与表演的空间；

（16）学校中有多姿多彩的竞技活动和才艺展示；

（17）学校中有特别令人留恋的学习环境；

（18）学校中有永远对学生敞开的电脑、图书馆、体育场；

（19）学校中有优秀的文社、期刊、运动队、艺术团和网站；

（20）学校什么时候都像一个温馨的家。

陈荣艺校长自豪地告诉我，他很努力，学校也很用心，有的目标已经实现了，有的目标则是学校奋斗的方向。我深信学校办学个性背后是一个人对自我尊严的呼唤，也只有学校中每一个人是有尊严的，教育才有真正的尊严。

坐在一间又一间教室中，我想得最多的就是每一个人，一个又一个的人，有时我甚至会忘了自己确切的任务，而把目光长久地落在某个孩子身上，在自己的目光中，常常洋溢着父亲式的忧虑和悲哀。有时，课堂上一个微笑的成功也会让我眼睛湿润，情绪难以抑制——我期待的就是每一个孩子有幸福充实的童年，课堂上有淡淡的、自然流露的人性的美。

《幻想之眼》

下面，我接着谈第三个大问题：学校主要是通过人来实现优质教育的，优质教育取决于教师，取决于课堂，取决于师生关系的质量。

1. 正因为教育是生命的事业，因此在学校之中起根本作用的一定是人，哪怕学校再贫穷，但只要有人性的光芒在，学校就有生命的活火不断燃烧。

日本教育学者也指出，学校设备的好坏并不是学校办学质量的根本要素。那么对学校来说，最重要就是要把改善师生关系，建设温馨、和谐、互相信任的校园作为立校之本。今天上午我已谈到，在我看来我们教育最大的敌人不是应试教育，而是反人性、反人道、辱没人的尊严的那种"教育"，只有把人作为目的，而不是作为手段，作为工具，作为差役，当作可有可无的符号，教育才能算是回到了正道之上。

2. 一所成功的学校一定要有教师共同参与的，以提高教学质量为目标的课题实验。

首先要说的是，现在不少学校课题满天飞，还有学校提出每个教师都要有课题，这简直就是课题"大跃进"。对学校而言最可怕的首先是把所谓的"课题实验"作为换取功利的敲门砖，而不是真正耐心地去实践一个哪怕微小的教育实验项目，对之进行认真的尝试、观察、记录、讨论与改进。所以，你到很多学校去，几乎都只能看到洋洋大观的各种计划、方案、汇报材料（实际上它也是增加教师负担，使之产生反教育情绪的一个重要因素），往往开完题就等着时间一到作结题报告。其次，现在不少学校课

1. 在广州市小北路学校
2. 在深圳学府中学
3. 在广东省中山市教育论坛上
4. 在浙江乐清翁垟第二小学
5. 在济南市纬二路小学
6. 在厦门文安小学

题实验"科学主义"盛行，严重的伪"学院化"，不切实际，加上一些像肖川说的"以官员身份搭台，以学者身份唱戏，以商人手段捞取钱财"的人的推波助澜，可以说，现在学校真正有价值、有教育意味的课题实验并不多见。

我还想说的是，课题实验重要的是它要体现学校办学的理念与价值方向，所以我强调的是"教师的共同参与"，这就是教育的共识，有共识才能汇聚智慧、把"个人资源"转化为学校优势，才能使每个人从中看到自己的发展，而这种发展也同时意味着学校的发展——于是，我们有了方向感，有了自我改变的意识，进而我们的某种生活方式也随之改变——归根结底，这样的课题实验一定是基于学校，基于个人的，至于影响以及"功利"，它应该是随之而来的，自然而然的，在这个问题上切不可本末倒置。

今天，在仙游县也有两所乡村学校加入了生命化教育课题实验，其中的枫亭中心小学刚刚起步，郊尾中心小学则在很困难的情况下坚持了多年。在各种限制之中，微小的目标也能开出虽然并不引人注目却也很娇艳的小花朵，它让我深切地感受到教育的力量，"向善的生命"之顽强与坚韧。也许我们最需要做的也正是这样微小的事业。

3. 学校始终要坚持开放校门、开放教室，并为成为学习共同体而努力。

这个观点来自于日本著名教育学者佐藤学。这里强调的"开放"首先意味着一种教育的心态，教育需要更多的资源，更多的接纳与倾听，尤其是教师之间需要相互听

当教师受到来自教育内部各种威胁时，他可能很快就会威胁他的学生。

《教育的十字路口》

课、取长补短、切磋互进。佐藤学还强调规模小的学校每位教师至少一学年或一学期都要在所有教师面前开一节公开课，同时要把这节课拍录下来，以供讨论与"自我审视"。现在很多学校要么教室双门紧闭，互不往来，要么就是只有喧嚣的表演化的教研，很难有真正的发现与增进。教育作为文化事业的一部分，只有在耐心与坚持中，才能有真正的沉淀和积累。教育是慢的艺术，需要的是"静悄悄的革命"。学习共同体也意味着我们每个人首先要成为学习者，教师只不过是有经验的学习者，学校生活也许就意味着是学习者之间多维的互动，更多的共识、共同的奋斗目标能够使学校摇曳着人性、进步与发展的光芒。

也许建设一所优质学校便是从重建教研制度，从彼此倾听、彼此发现开始的。

4. 要更多地倾听教师的声音，坚持教师第一、教学优先的教育理念。

不少学校把教师变成了战战兢兢的打工者，而教师所受的威胁很快就会转化为对学生的威胁。在这样的学校教师始终是"偶然的个人"，他不可能有职业的认同、工作的荣耀、生命的自觉，而由"偶然的个人"所组成的集体是一个虚假的集体，没有信念和凝聚力，当然也不能有真正的教育智慧。在威权管理模式之中，强调的是"管、卡、压"，是听话与驯服，于是行政和后勤人员成了学校的核心，他们各方面的待遇都远高于教师，同时，学校的教学工作时常会被各种因素所扰乱、打断，校长的好恶和上方领导的脾气常常就是学校的方向。可以说，在教师没有尊严的学校完全不可能有教育的尊严。

5. 一所优质学校，它一定有一批学识丰富、情感细腻、个性独特、富有人文情怀和课堂创造力的教师。

名校是由名师构成的。以上是我所勾勒的名师形象。我对这样的名师怀有深深的敬意，我对他们的不断出现满怀期待。一个好教师身后一定有无数的追随者。遇上好教师不仅是孩子的福分，甚至也是一个家族的福分。如果我们有这样的福分，我们一生都会有很好的方向感和一种可以汲取的并能最后转化为自我提醒、自我督促的力量，我们的生命会始终围浸在人性的光泽之中。我还可以说，无论在什么样的社会环境之下，这样的好教师总是有的，因为人毕竟是人，他总是会有力量挣脱任何的宰制与压迫，那种生命的光芒总是会脱颖而出。当然，"地气适宜"之处，好教师也总会更多，成全之道可能也更为顺利。

下面，我再简要地阐述一下我的第四个观点：对一所学校而言，公平和优异是不能分割开来的。

其实，我特别想说的是大多数学校往往总是轻易就把那些发展迟缓、智力有所欠缺或者处于尚未"觉醒"状态的儿童打入另册。教育的失败是一个普遍现象，在它的背后是巨大的疼痛和家庭、社会的灾难。好的教育一定是期待"每一个人"成为成功者的，我们最缺的是对"每一个人"的关注、呵护与帮助，我甚至想说我们农村初中高达百分之三四十的辍学率决不仅仅是因为贫困，而是太多的学校完全不能带给学生任何成功的期待与希望，也几乎没有一张能让他们即使学业不成功但仍可以在教室里继续生

在这里，我杜撰了一个新词——"应试操练"，我觉得也许它会比"应试教育"更为恰当一些。

《幻想之眼》

活下去的桌子。有些学校居然还按考试成绩分班、分不同的座位，不管学校有所谓的多大压力，多么冠冕堂皇的理由，这样的教育都是毫无人性与良知的，这样的教育都是对生命尊严的摧残与践踏。更可怕的是，好像现在社会和各个管理部门对之仍然相当麻木不仁、无动于衷，只看到所谓的成功者，而没有看到，教育失败背后其实是社会所有成员都要为之买单的。某一程度上还可以说，教育失败也延缓了国家的发展与文明进程，更不要说教育失败带给人一生的创痛。

上面这一点谈的是，优质学校一定是期待每个人都能获得成功，获得自己发展空间的学校。我还要接着说，好学校一定会无限相信人的成功潜能，并不断地激发这种潜能。其实，天才总是很少的，一开始就成功并不断走向更大成功的人肯定也是很少的。对人，最难的就是对他作判断，我们为什么要那么急切呢！

我们要肯定和尊重每一个人的自我期待和自我选择。我看舒婷写她儿子的文章很有启发。她儿子小时候，舒婷问他，你最喜欢什么？最羡慕什么？她说她儿子的回答谁都想不到，她儿子最喜欢当卡车司机。因为他们住在鼓浪屿上，那里一部车都没有，所以孩子认为车是最神奇的。他家有许多玩具车，他对玩具车最入迷。有一次著名诗人蔡其矫望着琳琅满目的玩具车，问他，你还要什么车？舒婷的儿子说，我还要个消防车。结果老诗人跑遍了整个厦门岛为他买来了红光闪闪的消防车，孩子感到无比的快乐。实际上我们很少能真正尊重孩子的选择，就像有位钢琴弹得很好的孩子在家长会上冒出的一句话，我真希望我家贫穷一点，那样就买不起钢琴了。孩子钢琴弹得再好，也不一定是自己的爱好，自己的选择，也不一定是自己对自己的期待。我的孩子在成长过程中也遭遇了很多的失败。开始的时候想给孩子买个电子琴随便玩玩，福建师范大学的一个朋友说，唉，千万别学电子琴，要学就学钢琴。钢琴九千多块钱。买了贵重的东西，我们对物的喜好、重视很容易就超过了对人的尊重。孩子练琴，你看别的孩子很快会五线谱了，你的孩子还不会你就生气了；别的孩子弹钢琴每天能坚持练 1 小时，你的孩子练了 15 分钟就不练了你就生气了；别的孩子钢琴考过了四级，你的孩子还在做最简单的练习，你也会生气。一生气就有病态的行为，病态的行为一出来，实际上就是在做反教育的事。

也许，我们更需要做的、也是更有可能着手的不是变革与创新，而是调整、改善、弥补和充实，我们必须直面我们所不能改变的一切，我们的力气不能用来痛苦和沮丧。更需要选择的也许就是"最不坏"——从任何可以改变的地方开始，不要去思考尽善尽美，做"最不坏"就极其难得。把我们的目标放得更低更小一点吧。

《幻想之眼》

终于有一天我醒悟过来，我对孩子说如果你觉得不想学钢琴，就可以不弹了。没想到孩子真的不想学了。前段时间，我还和太太谈起这件事，认为孩子如果不那么早学钢琴，可能她对钢琴的情感还会好一些。后来孩子在学校里学羽毛球，因为我希望孩子身体方面能有一些优势，身强力壮又有自己的爱好，但在学羽毛球时又遭遇了一个挫折。这个挫折这次不是我的过错而是学校老师的错。因为这所学校号称世界羽毛球冠军的摇篮，他们很看重选手的资质。他们多次委婉地对我说，你的孩子反应和动作慢了点。对羽毛球来说，反应慢了点意味着什么？慢慢地，孩子的机会很少了，孩子在羽毛球班越来越自卑，越来越不愿意去参加羽毛球训练。孩子说，要不我去学舞蹈吧，我就送孩子去上舞蹈班，学了一阵子老师又委婉地说，你的孩子只是乐感差了点。所有的演出都没她的份，孩子也学不下去了。这下我不知道孩子该学点什么，我脑子里总想让孩子学点什么。舒婷说她孩子小时候只学一件事就是学画，孩子爱画什么就画什么。有一天我带孩子去一个跆拳道馆，是一位台湾的教师办的。结果那天把孩子带到门口，我真的想不到台湾的那位老师那么神奇，他看到我孩子的第一眼便夸张地说："哇！你真是学跆拳道的材料，你看你这身材，好像专门为跆拳道准备的。"孩子的脸一下子就红了。然后老师又说了夸张的第二句话："你现在要靠老师，过几年老师要靠你。"学跆拳道是很贵的，但是你哪里去找这么美的赞扬？多花点钱也是值得的。我孩子去学跆拳道，我每周都到现场，我看到老师充满了对孩子的尊重，对一些非常胖的、动作非常笨拙的孩子也充满尊重。我孩子学一个月进步得很快。有时学业较重，我们让她不要去了，可她还是强烈地要求去学习。但遗憾的是去年这位老师回台湾去了，一去不复返。我的孩子跆拳道的学习生涯也就结束了。所以有时候一个好老师对孩子来说真的是非常重要，他会通过对孩子的肯定让孩子明确对自己的期待，让孩子有所追求，并能坚持自己的追求。这位老师不是专业教师，居然能做到这一点，真让人感怀。

人的天赋总是被别人发现的。学校要鼓励、促进每一个教师成为优秀的发现者。人的许多能力不一定是自己能够预知的，他们的才能为别人所发现，并在别人的鼓励与肯定中这种才能才得以保持与发展。所以作为一名教师你的价值判断、你敏锐的观察力，包括你对学生的期待非常重要。为什么同样一个班级的学生在不同教师的手下成长得可能完全不一样？这肯定和教师的发现与鼓励大有关系。所谓的好教师一定是最善于发现学生身上优点的人。我自己就是一个例子，我"教育演讲"能力的发展要感谢很多"发现者"，其中也包括余文森、王永老师他们。我大学毕业时，老师给我的毕业鉴定是，张某某同学性格内向，不善言辞。我就是背着这个评价回到福建的，但现在我如果还说自己性格内向，为人自卑大概已经没人相信了。我刚认识林高明的时候，他也非常内向，非常寡言，但现在我发现他已经基本具备了演讲的能力，假以时日，我们仙游的老师都会看到他的成长。我相信在座的许多教师的才能都有被发现的过程，我们真的希望自己都能碰上一双独特的慧眼。

　　学校要把对弱势者的关爱、呵护、促进作为自己的教育信念和行为指南。现在学校中弱势学生（包括智力上和身体上）的比例还相当大。我觉得学校体现出来的人道情怀更多的是落实在对这些学习有困难的孩子的帮助上。厦门有一所我们的实验学校，有一次我听课时，发现班上有一位患自闭症的孩子，上课过程中，他一会儿提问题，一会儿背电话号码，但班上的孩子没有一个人笑他也没有人受他的影响，后来我问听课的老师这个孩子行为古怪，为什么没有人笑他。听课的老师说，他的班主任对待这孩子比对自己亲生的孩子还要好！你看，刚才站在窗外一直盯

> 李叔同先生做什么，像什么：少年时做公子，像个翩翩公子；中年时做名士，像个名士；做话剧，像个演员；学油画，像个美术家；学钢琴，像个音乐家；办报刊，像个编者；当教员，像个老师；做和尚，像个高僧，实在是了不起。令人更为敬佩的是他开导犯错的学生总是"和颜悦色，低声下气"。他让我明白"低声下气"竟有深长的教育意味。
>
> 《教育的十字路口》

着那个孩子的，就是他的班主任。这位老师没课的时候都要来看他一两次。对这个孩子来说残疾是他最大的不幸，而他能遇到这样的好老师又是一大幸运。所以有人说海伦·凯勒常有，莎莉文不常有。上次在中央电视台《实话实说》栏目做节目，正好是跟倡导"赏识教育"的周弘一起去的。他把自己的聋哑孩子培养成了哈佛的硕士。我们要相信教育的力量，要相信教育的爱能创造奇迹，虽然奇迹的实现总是难的，走正道总是难的，我们却仍然期待更多的人走正道，让更多的孩子在学校获得关爱与成长。所以好的学校一方面要关注那些优异的学生，让他们能更好地成功；另一方面要把目光投向最需要帮助的人。

最后，我要说的是，一所好学校一定什么时候都像一个家，是一个温馨的地方，是一个让人感到安全、舒坦、才华得以展现、精神获得归宿的家。刚才我说到的，我为厦门同安第一实验小学，也是为所有生命化教育课题实验学校勾画的优质学校 20 条目标中，大概就寄寓了我对"好学校"特别强烈的诉求，"远远的，它是一个希望"。我们将永怀着这样的期待。

2004 年暑假

## 无题（十二）

一个晚上，这样的念头使我陷入
　　持续的恍惚，
我不明白自己的感悟怎样
到来，也不知道曾经的荣耀
为什么已经变得毫不足惜，
慢慢脱身，如感冒初愈，
面对着冬天的寒气，
冬天也是我的喜爱。

在这个冬天，我想起为教育
　　写几首诗，
我没有太多的准备，
写完之后也再没做过
修改。

这些诗，不是要传达
任何的微言大义，
这里只有我的心跳，
只有寒气降临时
对天空的注视
以及女儿赶路上学的身影。

我还会想到，
你的轻轻传递过来的
微笑。
想到你的身后
比我这里更冷，
可能也更吵。

# 教育是慢的艺术

与福建省泉州市晋江永和中学
师生的三次对话

## 1. 教育者的良知与智慧
——与教师的第一次对话

**教师**：请问张老师对表现很差、屡教不改的学生有何良方？

**张文质**：这是教育千百年来的难点，而且可以这么说，一直没良方，一直很难从根本上解决这一问题，要是都能解决了，我们的教育要容易多了。如果学生都没有差异，都有相当高的道德水平、纪律、学习欲望、学习基础，那可能我们的教育也就没有像今天这么富有魅力，值得大家来探究。如果说良方的话，我觉得有两个比较重要。冰心先生有一句诗说得很好，叫作"爱在左，同情在右"，前提是爱心与同情心，就是你对学生要有迫切的关爱之情，对他的困难，对他的不幸，你要有一种同情心，这是人所能感悟到，感受到的东西。学生为什么会屡教不改，这跟我们所尽的责任是不是真正到位，是不是真正出于爱、出于同情来关注他有关。第二是对不同学生还确实需要采取不同策略，这样才可能达到更好的效果。

龙海某所中学有一个姓蔡的老师，学校把初三整个年段所有的"差生"集中到一个班上让他教——当然这种做法不对，但是这个教师在这一年里面创造了很多的教育奇迹。他的想法是：对这些特殊的学生你用常规的方式来调整他们的学习心态，来改变他们的心向很难。他用得更多的也是这种爱心与关爱，在策略上他有很多的绝招。我觉得对孩子的管教，也需要有不同的策略，也需要有创新，这样才能真正地让孩子信服，让孩子能够听从你对他的帮助，也能够认识到自己还是有药可救，自己还是有希望。实际上每个人，哪怕是那些屡教不改的孩子，都有自尊心，都有他的软肋，都有他的需求，都有他的表现欲，这就需要我们老师更多的关注，更多地去发现，也需要我们老师用更好的不同的方式来激发他。如果让人失去了自尊心，失去了尊严，完全丧失了自信心，那时候就是苦口婆心也是没有效果的，所以这是一个很艰难的过程。我肯定没有什么良方，我倒很愿意我们在座的老师在帮助学生方面如果有新招，好招，怪招，写成文章寄给我，让我来分享你的成功。

**教师**：你认为当代教育是否偏向娃娃教育，就是教师求学生学习。

**张文质**：我们的教育为什么变成教师求学生学习，而不是学生非常强烈地渴望学习？我也感觉到有一个问题。农村学校与城市学校差别非常大，尤其是学习心向差别非常大，而这种学习的心向甚至决定了孩子学习的热情与学习的持久的关注力。我举个例子，我编的刊物曾经登过这样一篇文章，说"六一"节电视台到山区去采访一个孩子，问她，你长大后想干什么，这个孩子一直不肯说，老师就鼓励她，结果孩子说，"长大后我要出去替人家洗头"，这让她的老师感到很难堪。为什么她会这么说？因为她的父亲总对她说："你不好好读书，你长大就出去替人家洗头。"所以在这种学习心向之下，她对自己一生的期许是比较低的。对教师来说，一个孩子如果没有积极的人生期待的话，他对学习也就不会有太多的乐趣，他有可能就会因为某种挫折而放弃学习。或者说某种方面的压力会让他放弃学习。对一所学校来说改造学生的学习心向，让这里的孩子都对自己的人生充满期待也是一件非常重要的工作。

昨天晚上我跟初一到高二的孩子们对话，孩子们就问

有时我也担心自己因为过多的负担与忧思，而变成逢人便抱怨的"祥林嫂"，我提醒着自己。当你不能改变这个世界时，就试着改变自己，当你不能改变自己，你就试着改变你的生活。任何的改变都是重要的。细小的快乐累积着更多的对幸福生活的期待。

*《幻想之眼》*

我一个问题：偏才要不要上大学。比如说像韩寒那种偏才要不要上大学。我告诉孩子们大学还是非常美好的，上大学跟没上大学还是非常不一样的。在大学里可以接受很系统的知识，可以跟很多的优秀的第一流的学者对话，可以跟来自全国各地的英才进行交流，对人生的期许是不一样的，从大学走出来以后，人的精神面貌，自己的期望值都会大为改观。所以，我最后跟孩子们说，如果有上帝存在的话，我愿意向上帝祈祷，愿我们永和中学所有的孩子都能考上大学。说完后，孩子们都热烈地鼓掌。我想，作为一个教师、一个学校，就是要激发起孩子对更高一级、更美好的教育的期待，这是我们很重要的一个工作。我们不是要去打击孩子的自信心，而是要不断激发他们的进取心，这是教师在教学过程中始终要注意的一项非常重要的任务。

**教师**：现代教育需要惩罚吗？惩罚的底线是什么？

**张文质**：这几天我一直都在谈惩罚的问题。在永春作讲座的时候，也有教师讲到惩罚的问题。今年 3 月份，我们在崇武召开刊物的笔会，有位副校长带去了一篇文章，说是他看的一个谈话《没有惩罚是不完整的》。据说这篇文章引起了比较大的反响，特别是引起了教师的强烈共鸣。我觉得教师对这样的文章有这么强的共鸣，这种心态是值得怀疑的。至少我相信有一点，当你在呼吁惩罚的时候，你从不设想到或者不愿意去想被惩罚的是我自己或是我自己的孩子。我那天回家，孩子给我讲了一个笑话：全班有 100 个孩子，问孩子平时干什么，回答说，平时上网、游戏、出去玩、打豆豆，问 99 个孩子都是这样说，还有一个孩子说，"我上网、游戏"，问他为什么不打豆豆，他说，"我就是豆豆"。原来这个可怜的孩子就是豆豆。所以，我们经常会忽视了我们的惩罚到底给孩子的心灵带来了什么，我们可能会忘了想想惩罚会给孩子带来什么。

　　有没有更好的教育方式？或者再问一问自己，耐心的正面教育已经够了吗，已经真正地做到位了吗？我们上次到厦门的一所学校，有一位教师一直强调正面教育，东山县教育局副局长问她，如果正面教育没有效果怎么办，她说："我仍然坚持正面教育，我相信教育的力量，只要我们真正做到位，做得耐心，一定会有效的。"她说："我有时候也惩罚，怎么惩罚呢？比如说孩子不做作业，我就让他在操场上唱一首歌，但操场太吵了，后来就改成在班上唱，唱了一段时间后，没有不做作业的孩子了。"后来我到了马巷中心小学，跟老师们讲了这个事，过了一个礼拜多，一个老师给我发了一个邮件，告诉我："张老师，原来我一个班上有七八个同学不做作业，我让他们唱歌，唱了一个礼拜后，不做作业由七八增加到十五个，还有一些同学要求我，老师，我不做作业就唱一首歌，好不好？"可以这么说，所有正确的符合人性的教育，总是要比惩罚教育或负面教育要困难得多，人不是不知道正道在哪里，而是走正道太难了，所以我们也不是不知道正面教育它最终有效，而是坚持正面教育太麻烦了，太辛苦了，所以我

陈之藩说我们惯常所持的"理直气壮，义正辞严"的态度其实是有问题的，更好的方式应该是"理直气和，义正辞婉"，一字之变，境界全然不同。

《教育的十字路口》

们总想借助一种比如说惩罚，让孩子感到不自在，感到受到威胁，这样的方式来教育，我说这种方式很不好。回答需不需要惩罚，我倒是愿意跟各位老师一起思考这样一个问题，就是我们愿不愿意被惩罚。

我那次来的时候，王副校长讲了一件让我非常感动的事情。他的孩子考试考不好，老师罚他抄那份试卷，而且要抄多遍，结果王副校长把试卷撕得粉碎，装在信封里面跟孩子说，你拿出去交给老师，告诉他，这里面是你爸爸写给他的信。我想不是每个人都有勇气这么做的。我的孩子从小学一年级开始中午就在学校吃饭，福州叫作寄托，午托。到六年级的时候，有一天，孩子们在聊他们读一本书的故事，因为午休时间到了，所以声音就很自觉地低下来，又快要聊完了，他们想把它聊完，没想到数学老师进来，说："你们怎么还在讲话，几个讲话的站出来，站在那边。"然后老师趴在桌子上睡了一个半小时，四个孩子就在那里站了一个半小时。那天下午孩子几乎没法上课，因为站着而不能说话，不能走动，甚至身体放松都不行。我们有没有想过我们的教育是有点可怕，我们有没有想过，我们有时候在不经意之间，就走到了反教育的一面。我那天晚上听了这件事之后，非常难过，因为这个老师是跟着我们做了好几年实验的教师，但他仍然不免要犯这样的错误，说明教育真正要改变师生关系，要使教师提高自己的修养，提高自己的教育良知与责任是一件任重而道远的工作。我真想给他打电话，但最后没有，有时候觉得作为一位父亲也有胆怯的时候。我是一个教育学者，也是这个学校的指导老师，我都感到胆怯，你想想看有多少的孩子，当他遇到麻烦的时候，家长同样也不敢跟他的老师交流。

**教师**：我想打断一下，我觉得一个人连老师的责备都无法接受的话，那他今后步入社会，他如何承受。像社会上出现一些大学生因为很小的事情而跳楼自杀，我想他成长是太一帆风顺了，适当受一些挫折是应该和必要的，但现在好像有另外一个极端，把学生捧在手上。

**张文质**：你这个问题代表了很多老师的心声。我前一阵子刚为江苏教育出版社编写了一本小留学生文集。什么是小留学生？就是孩子在小学、初中、或高中阶段就到国外去留学，他们在中国先受一段时间的教育，然后再到国外去。在这些学生所写的文章中，几乎所有的孩子都提到一个很大的差别，国外的老师在课堂上更多地把目光放在发现孩子的优点上，更多的是放在激励孩子、鼓励孩子、信任孩子这些方面。我们的教育仍然不是爱太多，而是爱太少。第二个，我们还没教会孩子正确地认识爱，正确地认识这种人与人之间美好的关系，给孩子正确地认识这种爱与责任的教育，它同时是一种精神教育，这是对人生有影响的教育方式。还有，我坚信在爱的环境中成长起来，最后成为失败者，成为一个无法经受挫折的人，这样的挫败者一定会更少，而且从爱的教育里面成长起来的成为善人的一定会更多，这就是教育的正面力量。

当我们提出该问题时，我们还要想另外一个问题，就

无题（十三）

退回到
浸养血的心脏
退回到牙齿
破损
他们叫你的名

无论怎么克制
荡漾的钟
都会高兴
为自己，用力

你置于中心了
被一个名字所覆盖

算我们期待的未来社会是恶的，难道我们在学校里就可以用最严酷的方式来训练他吗？如果我们期待以后人类社会能够变得美好一点，那么这个美好的萌芽可能要从我们的课堂培育起，这是一个大的教育的信念，从策略来说，实际上孩子都一直在经受挫折。你可能还没有为人父母，今天孩子的孤寂，是我们多子家庭的人无法体验的。你们进修学校刘校长，这几天跟她接触，她孩子一天要给她挂几次电话。为什么？孩子太孤寂了，你能理解这种孤独吗？这难道不是一个巨大的挫折和考验？实际上，人无论在什么时代，他都会接受各种各样的考验，他都会成长，我相信未来孩子的成长一定会比我们这一代好。当然，你刚才说的话也有道理，孩子有时候也需要挫折，但我们不要人为地制造一些挫折来让他承受，而是当孩子有挫折的时候，很重要的一点，就是让孩子去经历挫折，同时让他明白，老师会坚定站在他后面的，父母会坚定地站在他后面的。如果他走不过去，他可以找父母、找老师，而这一点太重要了。你们都要有这么一种信念，当你要作出最可怕的抉择时，你一定要想想给什么人挂电话。为什么，就是要让这个人明白，还有人在关注他，关心他，需要他。

我想我们很多教育就是因为这种正面的力量没有真正深入人心，所以孩子很多的不幸，可怕的行为你会追溯。像刘海洋的伤熊事件，追溯一下就会发现与其家庭教育的不完整是有关系的。没有得到父爱或更多人的关爱，对教育的很多问题说不需要惩罚也不对，说需要惩罚也不对。最主要的是当处于这个状态时，我们是不是能够寻找一种更人道的、更符合孩子心理健康的、更为有助于人生成长的策略。而这个策略的寻找总是更难的，简单的东西总是好寻找、好解决，但具体的教育，微妙的教育就需要教师有更大的爱心与智慧，更多地去寻找方法，这就是对教师的一种挑战。我想作为成功的班主任，都有许多爱的故事，也包括有时候惩罚孩子的一些故事。我这里说的不是一个具体的方法，而是表达了我对教育的一个理念，我也很感谢这个老师给我提出这一问题激发了我去思考它，虽然可能思考还不一定具有说服力。

**教师**：学校要求老师每课有反思，每周有个案，每月有小结，你如何评价？

**张文质**：我想这位老师肯定不希望这么严格，这么规范，这么同步的一个要求，所以才会提出这个问题。我想这样来理解，说实在，我们当时"指导—自主学习"那个课改实验时，开始的办法总是有点笨拙。比如说先有个导学提纲，然后让孩子跟导学提纲来学习，但学了一段时间后，孩子就提出了不要导学提纲来学习，我们自己会学。昨天介绍的"洋思"也是这样，它要求教师把讲课时间降下来，降到 15 分钟，他会以敲钟的方式提醒，15 分钟一到，钟就敲了，你不能再讲了，所以你就要想，怎么精讲，怎么让学生多练，课堂怎么开放，怎么先学后教。我有这种看法，开始的时候，你要有一种新思路，新方法，可能前面都会笨拙一些，前面会生硬一些，但随着课堂改革的深入，这种反思就变成我们的需要。

即使"所有伟大的人物都烦透了"，所有的规章制度都已僵死，我们也不可能随之厌烦与僵死。也许，我们总是要有这样的冲动：渴望着未知的生活，变成一个"不知名"的正在生长的人，踏上一条不知所归的道路，就是成为一个词，一片灰烬也仍在强烈地呼吸……

《幻想之眼》

现在学校可能是任务式地强调教师一周要听几节课，可能随着课改的深入，听课就变成教师的需要。只要能开放课堂，很多老师愿意去听。很多老师课上得好，我没课也都愿意去听，可能总是有一个过程，就是从一个规范的要求到自由的选择，从完成任务到内在的需要，这么一个转变的过程。说实在的，我原来去听课，很痛苦，如坐针毡，45分钟坐在板凳上，想，如果一个人只要每天听两节课就是一个伟大的教育家了，现在我也挺过来了。我至少一年听150节以上。今天上午我听下来，我不觉得累，因为我全神贯注，英语听不太懂，也努力去听，去感悟，数学听得有点困难，也努力随着教师的思维去变化，可能就变成不管我听什么课，我都能获得对教育某些问题的感悟，就变成我学习的一个过程，就是从比较生硬慢慢变为更自由选择的一个过程。

**教师**：如何处理课改与中考的关系？

**张文质**：我今天坐在这里谈这个问题，跟我六年前谈"课改"（当时叫"教改实验"）时，我的自信心完全不一样。那时候我更多地跟老师说，要不然你试试看，我相信你一定能行。而今天我要说，有很多很多教师的成功案例在支持着我，我相信"课改"这条路一定能给学校带来包括中考方面很大的发展。安溪代贤也是乡村中学，建校也是几十年了，课改之后，成绩逐步提高，今年破天荒地出现了安溪县的中考状元，这对一个乡村中学来说是一个奇迹，一大批学生的成绩都超过城关中学（一中原初中部）

的。叶澜教授说，很简单，学生积极学，怎么会比被动地学成绩差呢？我也相信这一点。

**教师**：我们也都在关注课堂上教师的教与学生的学的状态，可是有时，即使情境创设得再好，策略应用得再得当，仍有不少学生无法将心放在课堂上，我们是否还应该去关注学生的情感状态，生活状态，因为学生正处于青春期，可是在一堂课内这是无法做到的。你怎么看待这一个问题？

**张文质**：学生到了初中阶段，进入了青春期，有青春期的问题，这也是人生的一个过程。我们现在评价课堂也确实更多地从原来的教师的教转为对学生学的状态的关注，那怎么去关注学生的情感状态与生活状态确实不是一堂课上能够解决的问题，可能更多地需要课外的时间，也不是某一个老师特别是班主任能解决的，而需要整个教学小组一起来研究的。所以我们现在小学课题实验都建议学校要按班来建立教学小组，就是由不同学科的教师建立教学小组，能够一起来研究学生问题，来统一对学生的评价思想，同时相互借鉴课堂的教学策略，形成一个教学团队，这样有可能更多地来关注学生的各种状态，及时发现学生的一些问题，能够恰当地给予他帮助。我觉得建立教

无论何时，我们都应该秉持这样的信念：把自己的孩子作为一生中最重要的学生加以培养。这就是我们对自己家庭承担的最大的责任，同时也是对社会作出的最基本的贡献。

《教育的十字路口》

学小组这样的一个教学思路，教师一起规划教学，管理班级的思路值得我们借鉴。也许我们实验班级也可以尝试着，建立以班主任为召集人的这样的教学研究小组来研究一下，学校一方面要加强教研组的工作，另一方面要加强教学小组这一方面的工作，要形成合力，有这个合力才能更有效地帮助每个具体的学生。

**教师：** 能不能冒昧地问一个问题，你的初恋是什么时候开始的，如果你的孩子在初中就有初恋倾向，你怎么解决？

**张文质：** 我这几年来一直有一个观点："没有早恋，只有早婚。"郭沫若他自己交待，他三四岁的时候就有初恋一般的感觉，所以人到底什么时候初恋真的说不清楚。我自己可能成熟得还算比较晚，我初二的时候突然喜欢上我爸爸单位的一个老会计的女儿，现在回想一下，这个女孩长得挺难看的，黑乎乎的，为什么会喜欢她呢？我是农村的孩子，她是吃商品粮的，对她这种高于我地位的方面有点羡慕，有点仰慕，但始终没跟她说过一句话。人没有初恋才可怕，我对我自己孩子的教育是生命要放在第一位，人的价值取向，健康第一，幸福第二，品行第三，个性第四，学业第五，一定要把健康放在第一位。人有了健康才有了一切，才能更多地追求人生的幸福，人生的圆满，生命的强度。可能说得远一点，孩子到初中时都有一些情感上微妙的变化，但有时候也不见得就是初恋，比如说她喜欢跟男孩子说说话，那都很正常。我比较关注我女儿，但不限制她跟其他同学的交往，但总是会把某些问题让她自己去理解，去分析。

**教师**：请问张老师三个问题。1. 如何转化部分学生读书无用论的思想？2. 我是一名初三毕业班教师，现不是在课改年段，如何在教学中贯彻课改理念？3. 如何解决素质教育与应试教育的矛盾？

**张文质**：第三个问题是很大的问题，可能一下子说不清楚。第二个问题，课改就是促进每个学生的发展，课改的几个要素，比如改善师生关系、改变学习方式、改变评价方式，这跟每个年段都有关系，比如说改变师生关系，到了初三时更重要，学生学习压力大的情况下，老师能否给予更多的情感支持，当学生遇到某种问题、麻烦的时候能不能给予他更具体的帮助，这可能都是我们教师的工作。

对于第一个问题，我认为学生这种思想主要来自于家庭，昨天我们说了比较多的建议，建议办个杂志比如《家校通讯》，把我校的办法目标，办学新思想，把学生各方面的进步的状况跟家长有更多的沟通，这才能使家长这个资源发生变化，这对学校的发展也是一个非常重要的因素。

我觉得一个人，不仅需要别人的提醒，更需要自我的提醒。我就觉得自己这几年变得更为温和、诚恳。我常常总是愿意以教师的身份来改善自己。其实这样挺好的。我很愿意别人一眼就看出我是教师。说一句骄傲的话，在我们这个社会，教师还是最值得信任的人。

*《幻想之眼》*

## 2. 旅途的开始
### ——与学生的对话

**学生**：现在你是一个著名的学者，在这之前你有没有想过自己明天会成为怎么样的人？

**张文质**：说实在的，还真没有想过，人的可能性真是很复杂，但人只要能够顽强地活着，只要对自己还有信心，只要有一技之长，人生就可能还是比较美好的，还是能够实现你某个目标的。所以我当时虽然没有想过自己会成为怎么样的人，但我一直想能够到相对比较好的地方去生活。我记得读初中时，有几个同学到福州去玩，我很想去，但父母不让去。他们回来说在福州发现了大楼里面的茅坑非常奇怪，解决完后，水龙头一拉，就全部消失得无影无踪，我便觉得简直是天方夜谭。所以人生活在什么样的环境里，你的想象力就受到限制，你就没有办法想象外面的世界是怎么样的，我一直向往外面的世界。

鲁迅先生曾写过一篇文章，"乡下的地主婆，你要问她说：'皇帝娘娘过什么日子？'她可能会想，皇帝娘娘就是每天早上可以睡懒觉，不起床，还可以吃白面窝窝头。"为什么这么讲，她就是受自己环境的局限，所以就无法理解外面的问题。所以我想一个人对人生要有抱负，这个抱负的起点就是应该走出自己所生存的狭小的范围，走到外面去看一看，这个世界是怎么样的，也许有了这么一种经历后，我们的人生体会就不一样，我们就不愿意过那种生活了。我们也能过更为美好，精致一点的生活，你别看美好、精致一点的生活，这差别很大。我们在座的同学看起来都很健康，没有一个同学看上去营养不良，没有一个同学看上去面黄肌瘦。这就是变化，这就是新生活带给我们的影响，所以你们，今天成长起来的孩子，你们的梦想肯定比我们原来的梦想辽阔多了。这就是不一样的地方。所以你们会具有更高的眼界，对这个世界有更辽阔的看法。

**学生**：如果你在失望的情况下放弃了学业，你能想象你现在的自己吗？

**张文质**：说实在的，我今天跟你们的老师也说过，在一个宽松的充满爱心、充满希望的校园里生活，这个学校成才的人肯定多得多，在这里肯定会走出更多的成功的学生；如果在一个很贫困、很压抑、让人感受不到希望的地方生活的话，可能你这个地方出来的人凤毛麟角。一个地方出来的人的多与少，一定跟这里的教育环境、这里的教师息息相关，所以我也无法想象，我如果当时失去希望，我会怎样生活。人总有个特点，就是回不去，虽然我们也从很穷的地方、卫生环境很差的地方出来，但如果你再回到那种地方去，你完全不适应。所以我们都应该对未来有向往，都应该希望自己能做得比父辈们更好，比父辈们更有成绩。这就是我们学习的根植点。而我相信，只要我们努力，我们都能实现这样一种自我成全的目标，我也相信你们是有信心的。

**学生**：请问您人生重要的转折点在哪里？

**张文质**：在今天这样一种考试制度下，能够通过高考，还是人生比较重要的转折点，可能对大部分人来说都是，但也不见得。不见得考试都是一个重要的转折点，因为考试可能对大部分人来说是一个很公正的选择，但是它并不是唯一的选择，也不是最后的选择。为什么这么说，

所有教育的发现都是人性的发现，所有教育的道理其实都很平实、浅近。教育的难处在于无所用心、听而不闻、视而不见，教育的难处在于我们总要时不时偏离了人性的"常态"。

《教育的十字路口》

中国有一个获得诺贝尔奖的科学家叫杨振宁，他在 2000 年中国科协的年会上发表一个讲话，他说，在 20 世纪 80 年代，大家都认为日本会超过美国，因为日本经济曾一度发展得非常快；但在 20 世纪 90 年代，克林顿时代，美国经济复苏，特别在高科技方面发展非常迅速；最后他谈到为什么美国经济突然复苏、繁荣，高科技人才大量涌现呢？调查来调查去，发现了一个很奇怪的现象，美国中小学生参加所有国际竞赛，不是拿倒数第一，就是拿倒数第二，最后得出的结论是，因为美国的孩子不会考试所以保持着创新能力。非常奇怪的观点。但杨振宁说："这也是能给我们启迪的。"美国教育比较注重创新，比较注重发挥每一个人的特质，因材施教，而我国教育，总体上考试制度比较残酷，考试对人的淘汰这重担压在身上，有可能压抑了某些人的创新能力，压抑着人长远的发展，还有一部分人可能特别不适应考试。

例如著名作家、大文豪钱钟书，他高考数学是 0 分；吴晗，历史学家，数学考 0 分，考北大没上，后来被清华大学录取，但他们都成为一代名人，他们为什么数学都这么差，是不是他们不努力啊？不是不努力，而是他们的数学思维可能是个空白点。虽然在数学方面有缺陷，但并不代表他们什么能力都有缺陷。俄罗斯有个著名诗人叫普希金，数学从来考不及格，但老师对他非常宽容，他上数学课时要做什么就做什么，只要不影响其他同学就好了，在这种宽松的教育下，据说他有一次还考了五十多分。这是他最好的一次，但这不影响普希金成为一个伟大的诗人。

所以，我说的意思是，考试有时也不一定能检验每个人发展的可能性，因为人的智力分布是不平衡的，这种智力分布的不平衡就使得人的发展不平衡，一生所成就的领域不平衡。比如贝克汉姆，大家为什么对他着迷？除了长得英俊潇洒外，还有一个绝活——定位球。贝克汉姆的数学可能比在座的很多同学都差，但这并不影响他成为一位伟大的球星。在今天这个教育制度下，更多的可能通过考试来对每个人进行检验，但对人生来说，可能不一定是用考试就能检验的，所以大家要有信心。每个人都有优势项目，这种优势项目才是你人生获得成功的一个保证。刚才这位同学问我，你的转折点在哪里，转折点当然有关系；但最重要的是，我觉得自己现在也不是一个很成功的一个人，只不过到了学校，校长觉得有必要让我与同学们见见面，谈谈我对教育的理解，我对人的理解，也许我所期待的成功还没有到来，我也希望有机会让我看到更大的成功，也许这是值得期待的一件事情。

**学生**：张老师，你认为偏才应不应该上大学？

**张文质**：韩寒是上海的一名学生，6门功课不及格，但他写了《三重门》，最近又出了几本书，从某种意义上来说，他是比较成功的。但我觉得大学的教育还是相对比较完备的，在大学可以让你获得比较系统的知识，可以让你获得比较系统的对人生、对学术、对科学等很多问题的思考，如果能够上大学，还是很重要的事情。我自己上大学，我真切地感觉到大学对人生太重要了，当然我不是一

所谓的"生命化"重要就在"化"字上，就是倡导把对生命的关注、尊重、善待、理解、呵护、成全等等理念在教育的过程中充分地体现出来，它始终是生命在场的，也就是眼中有具体的人。教育始终是为这些具体的个人服务的，而不是落在口号上，落在功利上，所谓的"化"在这里就是化育、陶养、润泽、感染、示范，它强调的就是重在践履、重在过程，也只有这样，教育才真正地落到了实处。

《幻想之眼》

个偏才，更不是一个天才。有机会上大学不错，包括大学的生活方式都挺美好的，而且你可以听到很多杰出的老师的不同观点，你去这个地方能培养出自己的独特的思维、独特的生活方式以及自己的人生追求。所以，如果上帝真的存在的活，我愿祈祷上帝让我们每一位同学都能上大学，都能上自己心中的大学！（掌声）

**学生**：努力并不等于成功，为了成功必须努力，对这句话你有何感想？

**张文质**：这句话说得还真的不错，努力并不等于成功，成功一定需要努力。比如说你想成为一名跳高运动员，你再怎么努力，你都不可能跳过 2 米，这也可以肯定，是吧？所以你努力一定要找到自己的方向，你成不了跳高运动员，但你可以成为体操运动员，你可能身体非常灵巧，但是你需要努力。一个哲学家说得好，最好"早有所得，大器晚成"。什么是"早有所得，大器晚成"？"早有所得"即很早就明白了自己应该往哪个方向努力，"大器晚成"即不要太早成功，要慢慢地不断地获得成功，不断地获得更多自信，不断地明确自己奋斗的目标。所以成功一定要靠努力。

当然也有例外。今天下午我跟老师们聊天谈到，一位老师上课举了一个例子，讲宋祖英歌唱得很好跟她后天的努力有关；但也有不努力的人也能获得成功的，比如帕瓦罗蒂，世界三大男高音之一，据说是很偶然的一唱就成了伟大的男高音，为什么呢？因为他具备了非常独特的音质。后来他成为歌唱家后，也很少练嗓子，但是歌还是唱得很好。这样的人可不能模仿。我们不必向天才学习，而且谈得奇怪一点，天才跟疯子只有一线之隔，天才往前面迈一点点就变成疯子了，像马拉多纳就是半天才半疯子。所以有人说：天才是人类的病态，天才不是人类的常态。但是我们能模仿谁呢？福建一个作家称：你不要向一流的作家学习，因为学不来，出手不凡，脱口成章，下笔如有神。宋朝诗人都不学李白，因为他是天才式的诗人，都学杜甫，因为他说"读书破万卷，下笔如有神"。所以他的功夫是通过用功读书而得来的，所以这种诗人非常刻苦，知道自己天分不够，靠后天努力，这叫勤能补拙。但我认为这并不是最好的方式，我认为，补拙不如扬长，扬长远胜于补短，你把优势项目发挥到最好的程度，远远胜于你在不足的地方进行弥补。不足的地方有时补来补去还补不出什么名堂出来。当然这是我的看法，不是很多人的看法。人生有一个很重要的特点，就是什么事几乎都是别人无法替代的。别人说得再好都是别人的事情，人最重要的就是自己去经历，自己去尝试，自己去体验，自己去挑战。所以我们不要把责任推到别人身上。我们要更多地承担责任。不要说我们成绩考得不好，是因为我们家庭环境不好，不要说我们学习成绩不理想是我们父母智商遗传给我们的不行。实际上对于绝大多数人来说智力都是中等水平，天才很少，很弱智的人也很少，一般人都是中等水平，那就要看你们用功，看你们选择，看你们有没有突破口。

**学生**：请问张老师，你为什么从事"课改"这个项目，对于课改你认为应该做到什么程度才算成功？

**张文质**：说实在的，我原来在大学读的是中文系，因为我后来的工作是在研究室，所以会更多地关注课堂，但是说契机真的跟我自己的孩子的成长有很大关系。为了更多地关注孩子的成长，我发现课堂是我们每个教师必须深入研究的问题。越研究，你就越体会到课堂对你有吸引力，而且你的教育思想可能影响很多教师，通过影响教师也可能改变一些学生的命运，就像我刚才所说的，一个7分的学生最后考试也能考到135分，那也就是这个教师受我们启迪之后，他更多地在自己的课堂上进行尝试，所以让这个孩子能够成功。我想，这个孩子的成功对他家庭来说是件美好的事情，对孩子的一生也是很美好的的事情，而当我们知道有这样一种成功的事例之后，可能就会坚定改革的信念，可以一直走下去。

**学生**：您觉得如果明天我们要成为一个很好的人需要什么样的素质？

**张文质**：所谓很好的人，就是高素质的人，成功的人，美好的人。我们今天的麻烦在哪里？麻烦在于人与人之间缺乏一种诚信。做人的底线要讲诚信，比如说学校要求我们考试不要舞弊，每个人考试的时候，对自己负责，对同学负责，可能我们考的成绩不如人家好，但可以自豪地说，这是我真正的实力。我考出了我自己，我尽力了，我没有欺骗自己。朱镕基到中国会计学院，给它题了校训："不做假账"，这是财务人员的职业起点，也是做人的起点。我们成为美好的人可能会有很多的要求，但讲信用，给人信任感，不说假话，不做假事，不谋财害命，这是做人的底线。若能做到这一点，这个人是可信任的人，是真实的人。我觉得这是一件最重要的事情。

**学生**：如果明天的我与今天所想象的我相矛盾，那该怎么办？

**张文质**：人真的不是你想做什么你就能做什么，人大体上都无法实现你所想的东西，或者只能很有限地实现。因为影响你人生实现的因素实在是太多了，很可能某个因素就左右了你的一切，所以人生不可能完美。如果，总是对自己期望值太高，追求完美，有时便会形成一种疾病，所以人的心理健康是极其重要的。福州有一个疗养院，里面住着的人大部分是有心理疾病的大中学生，我的一位朋友在那里做心理辅导。有一次她跟我说，有一位泉州某重点高中的学生，一直都是班上第一名，有一次一个同学超过了他，他就变得精神混乱，在疗养院里每天起来说的都是：某同学超过我了，我一定要杀了他。所以人不能过于追求完美。有人曾作过调查，第十名左右的人最易取得成功。为什么？因为他不是处于一种最高的巅峰状态，总是被别人追赶，所以他心理会更加健康。所谓的成功，我们也要用宽容的眼光去看待，人不可能总是事事如意，你如果善待自己，能够宽容、理解人的局限性，有时虽然不一定都像所预想的那样，但也会觉得人生总是美好的。就好

我们还需要牢记，无论任何一个人，哪怕是我们每天注视着他成长的任何一个人，越是对他熟悉，他也就越具有神秘性，具有不可知性，教育源于对生命的敬畏，对生命的珍爱，教育因而是一件极其谨慎的事，他需要教师精神世界的日益完善。

《教育的十字路口》

像有时雨下了好多天，突然看到了明媚的阳光，大家心情是不是很好啊！如果太阳出了很久，突然下一场雨也是一件非常美好的事情，看你用什么心情来看待问题。人生还是要自己感受，你有这样的自我包容心，你就能善待自己，你就能够保持你的心理健康，这点我觉得也非常重要。

**学生**：作为学生的我们，最终都要面对高考，我想问你一下，以后学生考大学，学生的成绩、综合素质评定的结果会不会成为大学招收的依据？

**张文质**：从今年开始，部分高校招收一些有特殊才能的学生，其实这种思路还在进一步扩大，以后还会有更多的有特长的学生进入大学。清华大学也有一个评估的课题组，专门对学生的综合能力和其他特质进行评价，然后对这些学生进行特殊的考试，让他们中的优异者能进入大学。我想我们的大学一直都在改革。实际上，今天的大学与原来的大学已有很大的不同，我们农村的学校，处于比较不利的位置。去年清华大学招收的学生中只有15％来自于农村，而1949年以前农村学生占85％以上。为什么农村学生进大学的人数会逐渐下降，这跟我们教育资源的匮乏有关系，我们经常只能抱着教科书读，像这样的学生是很难成为佼佼者的。我们的学校为什么要进行改革，改革的目的就是希望我们的孩子有更强的自主学习的能力，更强的研究性学习的能力，更强的提出问题、解决问题的能力。你千万不要小看这些能力，我们中国人往往缺乏的就是这些能力，而大学改革总体上朝着这些方向发展，而且随着新课程的推进，改革的趋势不可能转变，我也希望我们在座的每个同学都能积极参与到学校的教改之中。

**学生**：张老师，请问你的教育思想是什么？

**张文质**：这个问题问得比较大。我对教育的想法是，我希望我们的老师能够关注每一个同学，因为每一个同学对他父母、对他自己来说都是非常重要的，都是唯一的，若能得到更多关注的话，孩子成功的机会就会更越多了。如果说我有什么教育理想的话，我想说我们教育要从关注每一个同学开始。

> 不是适应，不是顺从，而是接受。因为只有接受才可能意味着，勇气，不妥协，对人性的坚守，甚至对苦难和丑恶的蔑视。
>
> 《幻想之眼》

## 3. 教育是慢的艺术
### ——与教师的第二次对话

**张文质**：隔了很久才到学校来，听海塇校长说，我们永和中学的老师最近参加泉州、晋江的各类比赛成绩都非常突出。确实，教育观念上的变化，会带来、推动教师的专业成长。我们昨天召开了福州五区八县，主要是高中语文科教师的生命化教育研讨会，准备以福州五区八县的中学语文学科为突破口推进这一课题。福建教育出版社从去年开始，我们所有的活动它都给予支持——在东山岛开的教育写作笔会，在厦门同安开的小学教学研讨会，它都给予了资助……这不是钱的问题，而是从出版社的视角——

它对这个话题，它觉得是教育发展的一个趋势，是非常重要的、带有方向性的。所以它对这个话题很重视，希望把它纳入出版社的发展规划。现在一个是福建教育出版社，一个是华东师范大学出版社，都要出我们的丛书。目前，在教育界，我们课题的影响在不断扩大。去年11月下旬与黄克剑老师一起到新疆去讲课一周，巴音郭楞州，它是通过州政府、教育局、教研室的帮助来推进这个课题的。目前还有广东、湖北、江苏、山西等地的学校介入到课题研究中来。我们的课题本身也有好的平台，一个是《福建论坛·社科教育版》，一个是《明日教育论坛》，都是高扬着"生命化教育"的理念来办刊。新理念现在被越来越多的教师所认同、接纳。

很希望今年四月份，在永和中学召开全省性的中学"生命化教育"研讨。上次到厦门，我参加了福建语文学会的学术研讨，他们在搞一个"闽派语文"，请来了北大著名教授钱理群。那天让我感到惊讶的是，在一个小时里他四次提到"生命化教育"。他说："我非常认同、赞赏张文质先生倡导的'生命化教育'。"后来会议的主持人感到很纳闷：是请你来讲闽派语文，你怎么讲"生命化教育"？其实他有他的理念，他的用心。他认为特别是乡村教育，需要有一种新的理念来推进，来唤醒。就像他后来给《海峡教育报》的题词："在限制中求发展，在不自由中争自由"，说得很到位。钱老师答应我：如果你要进行乡村教师的培训，我愿意来讲课；你要出书，我可以给你的书写序；同时，还可以利用我的影响力来扩大课题的影响，写文章扩大它的影响。我们没有私人的交往，更多的是理念上的认同、呼应。乡村教育除物资上的匮乏之外，更多的是精神上的匮乏。昨天召开了中学语文的研谈会，许多老师反映的问题让我非常吃惊。有一个老师是县一中的，她说有些班主任采取非常原始的方式管理学生：迟到罚款；不交作业，罚款。这个老师感慨的不是罚款，而是罚款的班级成绩明显高于其他班级。你说怎么办？不是我们不知道正道在哪里，而是走正道更难。有一所学校的学生跳楼，是因为班主任整天把他叫到办公室，他忍无可忍，又没有出路。有位老师说，这不是偶发性的，这所学校所有的学生信件都被扣留，不允许学生与外面有任何的书信往来。我很感慨：学校表面上是学校，但可能更是监狱，是医院。

从学校管理来说，其实，我们所面临的一些教育问题，不能简单地仅仅归罪于体制。为什么同样的体制之下，有的学校办得富有人文气息，有的学校则像集中营一样。后来大家谈到这个问题时有一种共识：教育很容易被简化为训斥、惩罚。教育是慢的艺术，需要细致、耐心。但有时非常容易就是训斥、强迫、禁止。你可以怪体制，但细想一下，更可能是自身教养、对教育的责任，对孩子的爱心出了问题。大家感觉到生命化教育不仅是指向学生的，更是指向教师的。我们的教育行为怎么生命化起来？永和中学的文化氛围在晋江、在泉州是非常活跃的。学校办学的理念非常明晰，我想办学困难也是很多。希望大家都敞开心怀来谈，把目前我们所遇到的困惑、两难的问题

**无题（十四）**

像一个名字一样的好
一个你想到，闪过
摘录下紧张的名字
不要接纳世界
轻轻重复
生命的暗伤
你知道是彼此的呼吸
在倾听

它已经卷起舌尖
走动像你之名
因此无名
就是曾经，看到的
同一个
江那边阳光中的
时刻

提出来。

**李杰**：我从身为父母教育孩子这个角度来谈谈自己的体会。我对张老师的《保卫童年》中的一些章节感触很深。特别是很多地方小孩子经常晚自习，需要大人来来回回接送，但还是有安全问题。例如，上次学校发生的绑架事件，不知哪天又会发生，很担心。再一个从教育的角度来讲，你要他成绩上去了，也许他的某些个人爱好就受影响了。

教育还有反复性，特别是小孩子有情绪性，需要好好引导，做父母的对小孩子的教育是很花心思的事。生活中要注意保护、引导小孩子的兴趣。如果不小心把孩子（学生）天分的东西给磨掉了，是很可惜的。所以，就有另外一种担心，就是孩子的考试成绩好了，有可能孩子童年中具有高度精神生命潜质的东西就会失去。由此，从我们自己的孩子到我们学生的教育过程，为人父母、为人师都应该提高教育的生命意识。

**张文质**：关于童年我有几个基本的看法：

第一，要让童年的边界更开阔些，童年不能8~10岁就结束，应该到16岁，让童心保持下来。让儿童的想象力、创造力、好奇心，人的质朴、善良等保持下来。一次我去参加家长会，听到老师向家长们抱怨：我带几届，从没有见到这么幼稚的孩子。老师认为它是缺点，我却认为它是优点。越是健康的社会，人可能越"幼稚"；越是竞争激烈的社会，人越早熟，越会察言观色，阳奉阴违，越会使小计谋。西方人与东方人比，大家普遍认为我们早熟，有城府，往往言行不一。

第二是保持童年的丰富性。从教育的角度说，人生是求知的。我们一生都在学习，只要信念不灭，天分、天性不被扼杀，人就有机会来显示自己的才能，而我们现在的教育是不断窄化，太早定向、定性，目标明确。大家都奔这一条路去，丰富性不断被削减，这可能就是我们这个民族创造力低下的原因之一。

第三是人的天分。一个人能安身立命，显示自己独特性，带给你一生幸福、自信的，一定是你的长处。就像西方人说的天才如果放错了地方可能就难以成为天才。所谓的天才就是他的禀赋、独特性。但我们的教育常常不尊重人的独特性。前面我为什么要举我孩子的例子，其实那是一种忧虑。她在写作上也有优势——小学就出书，初二又获得一个全国性大奖，出版社跟她签约，马上要出第二本书。如果她要走这条路，可能走得很顺。但她能否考上一类高中，却是一个很难预测的问题。按现在的评价机制，他再平庸，但会考试，他就可以顺利地读个"好"高中、"好"大学。一个人很有天分，某个领域很有才华，但考试成绩上不去，他可能很麻烦。我们为什么要提出保卫童年，一个最简单的例子，就是我们的童年都很少受到鼓舞，受到鼓励。那天福建电视台新闻频道的记者问了我一个问题：孩子获奖，马上要出版新作，会不会飘飘然？我们会不会对孩子赏识太多？现在有些学者认为赏识教育是有问题的，赏识太多。我说，要么是那个学者无知，要么

对生命的热情，对知识的热情，对未来的探究的热情，是教师成为教师的奥秘所在。"热情"应成为教师的第一品格。

《教育的十字路口》

就是误导。其实我们对孩子的赏识还是太少。我这么一说，记者就说："您讲得太对了，我的童年几乎就没人鼓励过我。"

我们对人的鼓励很缺少。有一次我跟编辑部一个同事私下开玩笑，说，有位领导总算表扬我了：其实现在你也不错了，外面也有一点小名气。我对同事说：在他们眼里呀，因为你没有任何的行政职务，最终只能是"有一点小名气"。但他就一直没想到，我所有的影响力、名声，从来都没有借助行政的资源，即使你把我调一个单位，我仍然是张文质。可有些所谓有大名气的人，你调一个单位，或把他的职务拿走，就什么都不是了。所以黄克剑老师说得有道理，有些东西是别人给你的，拿走就没有了，有些是自己的，是别人拿不走的。刚才说到这种鼓励，其实就是加强你的内在的自信，特别是在童年阶段。成年人显然也需要鼓励，但即使没鼓励也不要紧，可是对孩子来说，没有鼓励就很难讲。说这个话，我有一个用意："生命化教育"它首先是理念性的，不是一个简单的方法，或课题组规划出来的一个步骤。其实你带着生命的热忱进入课堂，然后对孩子所有生命的行为经常给予肯定，班级的面貌肯定是不一样的。其实每一个教师一走进这个班级上课，都会感受到——经常受你表扬的孩子，目光、眼神、表情、身体语言等等都是不一样的。

我给高中教师、校长开讲座，往往你讲得再生动，反应也很差，一般没什么反应。我开始有点生气，后来想：原因在哪里？就是越到高中，指向性越明确，你谈理念，越可能与他无关；你谈生命价值，越与他的评价指标无法对应。久而久之，他自身的丰富性、敏感性和对真善美的渴望就不断削弱，甚至不为自己所知。很多高级中学，甚至名校，管理都很成问题，因为指向太明确了。有人说小学的老师比较幼稚，其实不是，他们不断地跟具体生命打交道，他们那种情感、人性正面的东西能够保持。我们说"生命化教育"就是保持人性的解放，就不会把我们变得越来越迟钝，越来越缺乏热情。有一位中学教师说了一句话，我听了感触很深，他说：教学的热情，生命的激情，其实归纳起来，就是对教育职业的热情。我们说他很有激情，就是对职业的热爱。

**林火烟**：请问张老师，你是如何努力把文章写好的？

**张文质**：我小学毕业时作文是抄班上同学的。老师也知道他那篇作文本来就写得很差，我还抄他的，老师给了我5分。初中时我同桌的同学作文好，都是八九十分。同桌不怎么看得起我，他的作文不让我看，碰也不让我碰。有一次我趁他不注意就偷看了一下，发现他的作文并不怎么样，竟然八十几分。我那时就想：我总有机会拿到八十几分。但遗憾的是到初中毕业时也没有实现。初中毕业前，有一次学校看了一场电影，要求写观后感。观后感不是语文老师评的，而是英语老师。他说了一句让我印象深刻的话：全班的作文都是抄的，只有张文质的抄得最好。到了高中以后，写作上比较有信心，投入也比较多。所以高一时获得了学校作文比赛一等奖。到了高二时进入文科

迪特里希·朋霍费尔说：这不是我的错——这是我的命。十年多来，我一遍又一遍地读着他的《狱中书简》，我总是在返回之途：精神的获救几乎是不可能的，精神的需求从一开始就已退居极其次要的地位，我们继续着下滑，居于惊恐之中。

《幻想之眼》

班，写作更多，作文写得比较好。但毕竟是乡村学校，到大学时，与同学的写作差距还是比较大。到大学毕业时，我感觉自己的文章还写得不怎样，因而也没什么诀窍。我深信：人都是在往上走的。只要你愿意走，一定会有进步。

毕业之后，先是分配在普教室，编编教辅，那时我不怎么看得上这个东西，很不认真，而且编的内容很基础，小学的词语、拼音，我不认真，也不擅长，做得很糟糕。结果一位老先生还拍桌子大骂：这还是华东师大的高材生，水平这样差！后来听说我的一个领导想把我换掉，把一个中学的老师调过来。那时，我的心思整个在文学、在诗歌，对别人的评价也不是太在乎。一直到了1990年以后，开始对教育比较关注。我觉得写作的过程中，要注意：一是要广泛地阅读。华南师大刘良华知道，我家的书比一般的书店数量要多，而且质量比较高。二是能经常找到可以借鉴的文本。其实这都是较传统的事情，多读书，多动笔，找到一个好的范本，不断地加以借鉴。我觉得自己是一个天分不高的人。在写作方面，只要你肯下功夫，一定会有所长进。比如你做积累，你写文章，你可以借鉴别人的文章结构、笔法，包括独特的词语。其实人的一生都是在学习。我常说：自己是一个模仿者，一直模仿别人、借鉴别人，慢慢才有了自己的东西。

现在教师写文章，真的要下两个功夫。首先，要多读一点书。硬着头皮挤出一些时多读书，真的是"腹有诗书气自华"。第二，要硬写。先把自己放低一点，下一点苦功夫、笨功夫。现在有些教师的文章写得相当好，如永和的王金龙等，他们的起点都相当低，成绩都是这几年不懈地下笨功夫的结果。

我认为写作还有很重要的一点价值，就是能让我们感受到人生的许多快乐——写文章这种快乐，不是说文章发表了，拿到稿费了，比这个还更多。作为一个教师，一个读书人，你能出口成章，下笔成文，实际上是对自己价值的一种回馈。

对话余岱宗博士

我特别怕命题作文。肖川教授曾让我给他的一本书写序，我是写了一个多月都没有写好。中学时写命题作文写多了，留下了后遗症，现在还在怕。

**肖梦娟**：我班上有这样一个男孩，我从来都没有骂过他，可他还是屡教不改。对这样的学生，您觉得该怎么办？

**张文质**：我肯定跟你一样痛苦。其实你已经做得很不简单了。你心里很痛苦，很厌倦，甚至有时有点愤恨，但你表现出来的，还是让孩子在班里过得比较体面。有时教育也不是包治百病，虽说他不是病入膏肓，但是病得很重了，教育这一帖药有时也难医治他，中国有句话叫"积重难返"，确实如此。如果孩子没有羞耻感——其实是从小没有人让他明白什么叫羞耻感。还有，这个年龄的学生处于青春期，他就会非常直接，甚至露骨地表现出对异性的喜爱，那么校园生活更吸引他的，是他能有机会跟这些女孩在一起。学业基本放弃了，没有上进心。我常想，对这类孩子，我们还能做什么？一个就是：要非常注意他的动向，不至于对他们失控，让其他女孩子受到伤害，对他们的日常生活状态要敏感。同时，无法在他学业上做工作时，要从其他方面做工作。第二，对这些孩子的要求要放低。很可能对他来说，让他很顺利地、有尊严地从学校毕业，已经是功德无量了。有时教育不当，暴力行为就会被诱发。对他们的重点不是放在课业，要改变他很难了。另外一点，我们也不能轻易下论断说这个孩子不行了，有些东西是青春期产生的，过了就没有了。从我村里的情况看，一些人年轻时都很坏，结婚后，有孩子后，就不坏了——他是承担责任的人，到哪里去坏？

　　教育，我们感到头疼，也常有一种无力感。一个孩子从小学没有得到恰当的、有效的启迪，到了高中就更难了。可能人都是这样，都有一些关口，一些转折点。这些孩子在一些关口，转折点，可能从来没有得到很好的启迪、帮助、鼓励。我读书的时候也有类似的例子。但即使他们在学业上没有任何进展，能在一个团队中生活，也非常重要。这个团队中的人还能给他尊重，老师还能给他宽容、帮助与鼓励，也许这些对他今天的状态没有多少帮助，但对他今后的人生会有帮助，有积极的因素已在他生命中累积。现在的评价制度，只看考试的分数，看不到教师在这些学业失败的学生身上所付出的心血。

我们说鼓励很重要，特别是对年幼的儿童，正在成长过程中鼓励是非常重要的。如果一个孩子毫无荣誉感，包括"向师性"、学生感都没有的时候，鼓励也是难以有意义的。如龙海的一个老师，他接的学生，整个班都是这样，他所做的工作就是，先把这个团体瓦解了。表现不好的学生往往捆绑在一起，互相影响，团体中最坏的往往是号召力最大的。他把这个反教育的团体先瓦解了。不能简单地理解教育只有鼓励——其实，教育既需要引导，也需要灌输；既需要和风细雨，也需要棒喝。我们千万不能把新课程、"生命化教育"简单地理解为一种方法：鼓励，帮助，无原则地赞美。有时也需要棒喝、甚至比较严厉的方法。要针对不同的人，使用不同的方法。现在最大的困难是没有从容的时间来做细致的工作。评价尺度没有办法对你的努力作出正确的评价。有的学校，甚至校长也反对对这些学生花时间、花精力。但你要有这种基本的理念，基本的尺度，有时不是说鼓励无效，没有价值，而是我们怎么管，怎么引导。这种工作是很细致的，肯定会反复，不会是一针见血的。从底线而言，其实能够维持班级稳定的、常态的学习状态，在一些班级也是很不容易的。我常有这样的想法：不能对自己要求太高，什么问题都解决确实很难。把理念转化为行动时就要讲究方法，就像有些老师说的，有时他与学生之间就是在斗智斗勇。

我总是会坚定、责无旁贷地站在女儿的身后，我常常想，90年代以后出生的孩子，也许就是半个世纪以来最优秀、最善良、最纯洁的一代，无论世事如此艰难，我必须为保护这些孩子而尽自己的一份气力。

《幻想之眼》

**鲍国富**：张老师，你近期在教育在线网上发表了一篇题为"处于危险之中的中国基础教育"的文章，列举了中国基础教育的种种现状，读来倍感压抑，感受良多。针对这些问题和现象，你构思这篇文章时是否想过改变这种状况的良策？

**张文质**：鲍老师这个问题对我要求挺高的。如果我有良策的话，或许就可以去当教育部长了。有时候，我有一个想法，从学校而言，大的教育环境很难有所作为。为什么我会在乡村推进"生命化教育"实验，正如钱理群先生所言："救一个算一个，唤醒一个算一个，促进一个算一个，成全一个算一个。"用你的力量去做你认为有价值有意义的事情，你努力去做，做多少算多少。要让学校成为温馨的家。一个人要是对社会绝望了，可能是对至爱的人绝望了，他才会如此。所以，我想，要想改变一个大的环境大的氛围很难。但是，如果我们的学校能够多少有自己的个性、有自己的文化理念，这个学校即使暂时很困难，但也会有一种温暖人、促进人的力量。台湾一个著名的女主持人说："哪里有爱哪里就是家园，哪里有尊严哪里就是归宿。"我还想加一句："哪里有鼓励，哪里就有起点。"对于一所学校办学理念的建构来说，爱、尊严、鼓励仍然是我们最后的家园。

昨天下午的座谈会上，一个老师还谈到，教师教书的激情，对待学生的激情，其实就表现在我们对教师职业的认同感，表现为对教育职业的支持。纵观中国社会某些领域的变革，确实太缓慢，确实有太多的反复。教育目前更需要的是加大投入，真正意义上给教育的方方面面立法，做到有法可依，做到按照教育规律办事。我写作这篇文章，是因为这个学期以来，对教育的许多问题感受太深，想先以罗列现象的方式引起大家的注意。另一方面，这种状况确实很难改变，怎么办呢？我认为，作为教师，我们首先要增强自身生命的强度，要有较强的抗挫折能力。另一方面，要有自己的看家本领，要有在压力中保持生命健康第一的意识。

教育需要的是持久的关注，耐心的等待，需要的是潜滋暗长与潜移默化，"立竿见影"往往是有害的，甚至是反教育的。

《教育的十字路口》

现在，教师压力很大。前不久，我跟著名作家摩罗聊天时谈到，教师的压力为什么会这么大呢？其实，主要是因为，相对其他职业来说，对教师的评价周期太短，如你搞研究的，你的工作量按年来计算，我主编刊物的，我的工作按月来计算，保证每月出版一期刊物就行了。而教师的工作是按天来计算的，每天做什么，绝对不能落下。这种评价的时间周期越短，压力就会越大，你逃不过去。所以，很多教师在这种压力下，精神容易颓废，意志容易消沉，容易失去激情。多年来跟广大教师接触，深入课堂，我对这点感触很深。其次，学校要有研究学习的团队。这个很重要，因为，人要有精神生活，要有团队间的互敬互助，这种研究工作，不仅是一定意义上的任务的完成，同时也是一种基本素养。有时候，跟某些老师交流时如坐春风，这种精神感受真的很重要。有些学校的可怕在于"老死不相往来"，文人相轻，以邻为壑。一所学校能否形成研究学习的氛围，关系到每个人的身心健康。从这个角度讲，我对永和中学了解还不多，因为诸如某些学术性的沙龙没有参加过，很希望有机会参与。很遗憾，我没有办法正面回答鲍老师的问题，但我很愿意接着思考。

**狄桂兰**：张老师，你为什么要选择到我们这种农村学校开展"生命化教育"课题实验？

**张文质**：我认为，目前，农村更需要一种新的教育理念，农村教育需要更多的人来关注，这是我的一个初衷。从教育资源的分配来说，农村与城市的距离在不断扩大。所以，说得崇高一点，正是钱理群先生一篇文章的观点，他的题目是"农村需要我，我需要农村"。我们在现在的教育氛围、教育压力之下，要更多地想到，我们怎么努力去做一些对得起自己良心，对教育有所帮助的事情。比如，前面鲍老师提到的《处于危险之中的中国基础教育》，我前几天在福州，不是全省在开展高中新课程培训吗？我与一位专家聊天，聊到一些教育的问题，他很坦诚地对我说："我们现在是既得利益者，我们不敢说真话。"但是我想，还是需要有人说真话，有更多不同的声音，能表达教育目前所处的困难。有人把教育看成一个暴利行业，把教师看成一个不能给予太多信任的职业，其实是教育的真相被遮蔽了，包括人的心灵被遮蔽了。所以，教育要在直面人生中奋力挣扎。我看到李杰、鲍国富老师在现场写作中获奖了，心里感到高兴，很自豪。因为，永和中学办学很困难，却始终有一种向上的力量感动着我。我有时候不能够来学校，感到很愧疚。同时，一个人能够做的事是有限的，能做多少是多少。但我们要有所作为，不仅使我们的职业有意义，而且使我们的人生更有意义，人确实是需要情感的，这是人的一种基本需要。

蔡拥军：张老师，从初一到初三，课改到现在已经两年半了，学校搞得轰轰烈烈，而家长却仍然只看考试成绩，社会不买账。迫于升学的压力，我们有时候不得不放慢脚步，左顾右盼。前段时间，我们去茂亭村开家长会，就听见一位家长对另外一位家长说："你为什么把孩子放到永和中学而不放到××中学去念呢？"教育是慢的艺术，慢得有时候让我们看不到希望。目前，我们应该怎样把握好课改的尺度，怎样处理好课改与应试的关系？

张文质：蔡老师所提的问题带有普遍性。谈到具体学校的困境时，我通常会想到金圣叹评点《水浒传》中武松"明知山有虎，偏向虎山行"时，看到文中写到"残阳如血"，金圣叹说："若我至此，当号啕大哭。"我本人心理也是比较脆弱的，提出了"生命化教育"理念，不断地鼓励像你们海墘校长这样的人大胆实践，不断往前走。其实，教育是时刻需要我们承担责任的。听到"要孩子去××中学念"之类的话，每个永和中学的老师都会觉得心酸，因为，学校的面子就是我们的荣誉。

最主要的是，学校目前的处境是要面对中考、高考，这是对基础教育的重要考验。我自己认为，教育是"慢的艺术"意味着新课程不可能是一步到位的概念，它是一个过程，需要方方面面来成全。有时候，我们也需要有所妥协，有所选择，在妥协中前进，在选择中调整。应试教育不是三五年就能改变的。怎么应对它，更需要我们去思

有一次单独和孩子吃饭时，我对她说："你要尽量多吃点，吃好点，有时间就多睡点，这样你才能和应试教育作长期的斗争！"

《幻想之眼》

考。应试教育需要更多的人文关怀，更多的同情心，更多的慈悲心肠，这可能就是教育特别光明正大的一面。现实的窘迫非几个人就能改变的。因此，我们要直面现实，直面人生，不要指望能简单地用某种办法某种方式解决问题。现实状况下如何选择、如何调整呢？更重要的是我们要保持精神底线：面对现实，找好途径，改善提高。你看，蔡老师刚把问题提完，又因为学生的事急匆匆地离开会场，这就是现实，我们有时候连坐下来安静地交流都很困难。所以，我很认同朱熹的观点，"宁近勿远，宁浅勿深，宁小勿大，宁下勿上"。要从能改变的地方入手去尝试、去努力，不要好高骛远，不切实际。有时，真的是我们体制上的特点，一说到改革，好像什么都非改不可，不改就是落后，就是反动，于是什么都是跟风、走过场，最后以轰轰烈烈的假改革达到反对改革的目的，这很可怕，我们常犯这类的毛病。不同的发展条件，应该提出不同的教育策略，按照这种思维方式，可能我们也能生活得更充实更美好些，更少一些教育的痛苦，给我们留下更多的创造空间，更多的对教育的期待。

**何经军**：张老师，现在新课改呼吁把课余时间还给学生，农村可能做得更好一些，放学以后，有更多的时间去玩，能享受童年的乐趣，而城里的学生却要参加各种各样的培训班，是不是就说以后农村孩子的素质比城里孩子的素质要高一些？怎样引导孩子支配课余时间？

在"1+1读书俱乐部"开班仪式上

在生命化教育研讨活动现场

在山东龙口大夏论坛上

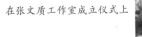

在张文质工作室成立仪式上

**张文质**：城市的孩子过得辛苦是有目共睹的，有媒体报道，西安的孩子去年过国庆节，40%的孩子在家睡大觉，因为平时的睡眠严重不足。这点从我自己孩子的身上也可以看出来。我们家星期六上午我最大的愿望就是让孩子多睡一会儿，把电话拔掉，想睡到几点就几点。睡眠不足的背后还是应试教育在作怪，虽然有一些家庭孩子的时间用在其他兴趣特长的培养上，但补课还是主旋律，有条件有地方补课都在补课，从孩子的一般智力而言，考 70 分、80 分是很正常的，要考到 90 分，他要以牺牲很多兴趣、健康为代价。在城里，这种教育趋向很明确，包括北京、上海这些所谓教育较先进的地方，其实是补课更热的地方。我们能不能简单地说，农村的孩子玩得好就是新课程进行得好，这些年，重点大学的学生来自农村的越来越少。如二三类的大学基本上都是农家子弟。越是层次低的大学，农家子弟的比率就越高。

其实，它背后就是教育资源的匮乏，在应试教育这种基本状况中，农村处在越来越不利的位置，教育资源越来越贫乏。我经常碰到一些大学教授，甚至博导，他们也感叹现在不懂得怎样教育孩子了。你注重孩子的健康，就要牺牲他的学业。怎样教育孩子，我们已失去了一个准则。所以要说这个改革，我想谁都没有真正的信心。教育有时处于很无力、很茫然的境地。农村教育所面临的状况可能比城市更成问题，农村家庭对孩子的关注程度如何？有多少时间跟孩子交流，多少精力花在孩子品性的指导上？很多小学，师资欠缺很严重，山区、乡村更严重，教得好的老师都调到城里去了，最后，农村学校教师无论从数量、质量上说都欠缺许多。怎么办？所以，谈新课程，谈教育改革，确实需要直面现实，而不是说理念上、理论上讨论到位了，改革就成功了，就可行了，不是那么简单。我们需要回到教育最直接的问题来思考教育，回到面临的具体的教育状况来思考教育，这可能对我们的研究，对我们教育能力的提高都是有帮助的。

# 生命的礼赞

——一次关于生命化教育的讲演

老师们好：

不知在座的朋友中有哪位听说过"生命化教育"这个课题？听说过的请举个手。当然，看过《福建论坛·社科教育版》的都知道这个课题，因为刊物有不少的相关文章。我相信在座的老师都看过这个刊物，但对这个课题也不一定很了解。关于这个课题，本周的星期四、五在厦门同安有一个全省性的研讨会。星期四主要是数学公开课。开课的老师都蛮优秀的。像泉州第二实验小学的汤其鸣，这次参加全省的数学教学比赛，得了第一名。还有郑熔虹，福州潘墩中心小学的老师，在全国各地都开过课，数学能够上得像她那样充满激情，实属不易。吕云萍，厦门英才学校的，原来在三明实验小学，参加这一届全国阅读教学比赛，也获得一等奖，最近也在全国各地开课。还有像厦门同安第一实小的叶妙婕，课也上得很好。还有我们编辑部的黄瑞夷老师，十五年来倾力于作文教学实验，他的作文教学可能跟在座的老师全然不同。我听过他五次课，每次都给我很多的启迪。

生命化教育课题也是一步一步走到今天的，在福建省我们有实验学校，中学的、小学的近二十所，江苏、广东、内蒙古也有一些学校加入这个课题实验。上个月中旬我和黄克剑老师一起到新疆库尔勒市讲演生命化教育，他们那边由州教育局、教研室，包括巴音郭楞州的日报社共同推进这个课题。可以说课题实验开始引起大家的注意，我感觉对教师们有特别的吸引力，一定有某种打动人心的精神诉求引起了更多人的共鸣。我在各地每次讲课之后，总是有一些老师要求以个人的方式加入这个课题。这种方式的参与，我们当然也欢迎。我希望有更多的同路人，能获得更多精神支援。有志者则"道不孤"。从根本意义上说，这个课题，首先是一种精神理念，是对更美好的教育的一种价值诉求。我知道老师们做课题实验，首先想到的是方法、步骤、特征……国内很多课题都有此类易于操作的特征，包括我们原来进行的课题——"指导—自主学习"，它也是这样：先学后教，超前断后，强调小组合作学习，强调学生学习的主动性，强调在课堂中的生成性引导。这一课题也很有活力，但它更主要的是侧重教与学策略在实践中的运用，当然它背后是一种人文精神的烛照，是对儿童真挚的关爱，而生命化教育首要的则是一种成全每一个个体生命发展的理念。很多实验学校的老师，第一次听完课总会问我："张老师，你能不能告诉我什么是生命化教育的定义，如何实践生命化教育？"但我一直在避免直接来回答什么是"生命化教育"，因为我觉得直接的回答会把理解限制了，读解的同时，可能会把它开放的意涵给抑制了，你用语言解释却留下了语言解释的局限性，就像老子说的：道可道，非常道。你能说清楚的就不是大道理，所谓大道无言。大道理是三言两语说不清楚的。这也是这个课题的精神导师黄克剑先生一再强调的，我们应该把一个新理念放在尽可能更开阔的理解领域去探索，我常说生命化教育在生成它的路上。不过，现在我们一定要谈生命化教育，我只好勉力为之。

今天在座的多是教学一线的老师，和你们讲这个课题，想必与对校长们讲这个课题是不一样的，为什么？因为教育角色不同，对教育的诉求可能也不尽相同，基于我的理解，我和你们交流的方式，包括交流的话题，肯定也有所不同，如果用生命化教育的一个术语来表达的话，就是"生命在场"。比如我今天来讲课，不是备好了一套又一套，多媒体一放，我就像和尚念经一样在这里念，那是"生命不在场"。对我来说，每次来永春讲课都有点辛苦，老是睡不好，半夜总是会醒过来，而且早上老是被广播吵醒。我不知道在座的老师会不会被广播吵醒，昨天我把两

有位学者曾感慨从今天的孩子中已经很难找到一两个自负的人了，应试教育打击的不仅是学习困难的孩子，思维发展缓慢的孩子，也同样打击那些学业成绩优异的孩子，伤害是具有普遍性的，几乎谁都难以幸免。

*《幻想之眼》*

层窗户都关上了，但还是不行，该醒的时候又醒过来了，这就是生命的感受，它的背后就是生命在场。我现在是在永春师范聚贤楼 402 里住着，跟在福州家里住着感觉是不一样的，整个生命的状态感受，包括生命的姿态都不同，这就是生命在场。所以我们去上课，要把生命的真情、真切感带入课堂，我讲生命化教育也是要把生命的真切感、真情，包括对听众的理解、甚至喜爱带到现场来，这是一种很生命化的交流。

什么是生命化教育？如果一定要用一句话来表达的话，那就是：把对儿童的理解、关爱、信任、成全，在具体的教育过程中体现出来；它不是仅仅停留在理念上的表达和理解，它必须在具体的实践过程中体现出来，这就是生命化教育。这个课题有一个很重要的特征：它必须具有实践的可能性和勇气，即你必须去实践、去推动、去尝试，才能知道什么是生命化教育，而不是简单的坐而论道，不是简单地说我很爱你，但是从未表现出来。爱需要在行动过程中体现，就像在座的一些年轻的教师如果还处在甜蜜的恋爱过程中，一定要通过行动表现——我对你充满感情，我通过眼神、表情、动作都可以表现出对你的感情，对方马上可以感受到你确实是爱我的，你的爱跟别人不一样，没有付诸行动的爱是不可靠的。按哲学的方式来表述，什么是生命化教育，就是对可能健全的生命的成全。

什么是生命化教育？其实对每一个生命个体来说，都具备了更健全的发展的可能性，每一个生命个体都内在地蕴含了这种更健全的可能性。昨天我和仙游教育局局长、教师进修学校校长谈这个课题。局长的年龄和我差不多，他说：张老师，我这几年听了你多场讲座，对你的《保卫童年》印象尤其深刻，老是想起自己的童年，想起自己童年的种种遭遇，也经常反省自己教育孩子的种种方式，仍然有痛苦、有忏悔，也更希望孩子能有一个更好的童年和未来。

　　我对他讲了一个故事：我小时候去割猪草，割完之后在一个很大的水渠边洗手、洗镰刀，由于贪玩，注意力不集中，镰刀掉到水里去了。那时候我不太会游泳，镰刀掉下去以后感到非常恐惧。为什么会恐惧呢？因为我担心回家后可能会被打个半死，我至少坐在水渠边犹豫了半个小时，我当时的想法就是下去把它摸上来，但是出于对水的恐惧，我又犹豫不决，最后采取一个更懦弱，也许更安全的方式——哭着回家。我妈那次对我很宽容，说：丢了就丢了，还好你没去捡，明天等抽水机停了你再去摸，肯定还在那个地方。第二天过去，水停了，刀确实还在那里。当时我非常地欣慰，但现在回过头想想，这件事有点可怕，因为在孩子的眼里，个人生命的安全甚至比不上回家可能挨揍所带来的恐惧感，从家庭教育来说，这就是有问题的。我们的学校教育、家庭教育如果不能带给孩子对生命的珍爱的话，这个教育是有问题的。一个 14 岁的初中生跳楼自杀，就是因为他成绩不好，老师在课堂上羞辱他，他就一下子从楼上跳下去了，而像这样的悲剧是经常发生的。

只有你尽可能多地关注、理解、尊重和期待一个人，你才可以更多地要求一个人。只有你真正地善待一个人，你才可能真正地理解一个人。

《教育的十字路口》

我想所谓的对更健全的生命的成全，第一步就是要培植人对生命的珍爱，要让所有的人都意识到生命比一切都更重要。人活着，哪怕有时候很屈辱、很难过、很无望，但是活着本身就带给你希望，活着本身就充满了希望，充满了可能性。对教育而言，就是要让这么一种顽强地活着、努力让自己活得更好的理念成为我们课堂中最重要的、最激动人心的内容。所以在我看来，教育最高的境界就是要培植每一个人对生命的敏感，对生命的珍视，包括对生命的敬畏感。这样你仔细去体认，你会发现每一个个体都是神奇的，每一个个体都带着它的秘密、它的可能性来到这个世界。对教育而言，就要把这样的一种理念，放在思考的第一位。但是我们的教育，对生命的珍爱感，对生命的至高无上性所应有的敬畏与重视是很不够的。人教版的教材，一年级第二学期有《王二小》这一课，现在改成诗歌的形式了。王二小，一个六七岁的孩子，在抗战特殊时期，把日本鬼子引到我们的包围圈去，最后把自己的生命也牺牲了。有一次，福建师大的一个教授对我说，他孩子在上完课文后回到家问了他一个问题：爸爸，你如果是王二小，会不会像王二小那样把日本鬼子引到包围圈，最后连自己的生命都牺牲了。他当时就感到，这可不是一个简单几句话就能回答的问题，而且我们的教育回答这类问题是存在很大的误区的，我们老师几乎不假思索地告诉孩子：为了民族大义，每一个人牺牲自己都是值得的。从我们教材来说也是这样的。我们在课堂上也很少引导孩子去想一想王二小要不要作出这样的牺牲。在座的老师有没有对这个问题打个问号，让孩子去思考一下？如果有的话，你是一个很了不起的老师，如果你没这样做，我也不能责怪你。结果这位教授对他孩子说：说实在的，如果真的碰到这个情形，我可能实在不敢学王二小，然后跟孩子讲道理——这样的大义，不是王二小这么小的孩子能够担当的，虽说是"天下兴亡，匹夫有责"，但对未成年人而言，对六七岁的孩子而言，让他承担这么重的责任，他幼小的心灵能够担得起吗？但我们恰恰在这一类问题上往往有很多的误导。现在我们开始对生命有更人性更人道的眷顾，我们的很多学校把赖宁等少年烈士的照片从走廊上、教室里撤了下来，这是一个重大的变化。有一次我们新村外面房子着火了，我的第一反应就是去救火，这就是我们的教育给我烙下的非常牢固的第一反应——见义勇为。实际上我们还应该想一想，你有没有能力见义勇为，有的时候你没有能力你可能会帮倒忙。

美国"9·11"事件中出现了一个华裔的救火英雄，叫曾喆，今年美国还把一条街命名为曾喆街。在"9·11"电视现场报道中曾喆救火的情景出现了 10 秒钟，几乎所有的美国人都记住了这个华裔英雄。对于这样的英雄，我们的报道方式肯定是"寻找英雄成长的足迹"，他的父母是怎么教育他的，他的老师是怎么教育他的，他的邻居怎么看着这个孩子从小就见义勇为的。但美国的报道不强调这些，它强调的是，曾喆是一个受过专业训练的、具有救火能力的人，所以救火的时候他挺身而出是应该的，他有专业素养，表现出一种专业的责任感。而对那些没有去救

我常想，一个人经历了苦难，承受了苦难。更重要的还要认识苦难，只有这样才可能超越苦难。但是，正是因为缺少反省和批判，我们其实仍在不断重复着历史的错误，我们并没有走出多远。

*《幻想之眼》*

火的人，不会轻易指责他，说他是懦夫，是怕死鬼。因为没有专业素养的人就要赶快撤离火灾的现场，一个人如果没有专业素养又去救火的话，很可能会带来更大的损失，特别是在救火的时候，这里面有一个价值判断。又比如我们衡阳火灾，消防官兵死了二十几人，之后被命名为英雄群体。但你仔细思考一下，当所有的人都被救出来了，房屋只剩下一个空壳的时候，我们的指挥官还要官兵往上冲，最后房子倒塌了，二十几条年轻的生命葬身火海。如果这个时候我们意识到生命比财产更重要的话，我想我们已经把所有的生命都救出来了就应该撤，而不是再往上冲、再往上救，这里面也有一个价值判断，而这种价值判断在教育中往往是很少被审问的。在我们的教育实践过程中给孩子这方面的提醒很少——生命比一切都重要，首先要保护的就是生命。

我曾经看过一个电视节目：中国的企业家和美国的企业家在一起，主持人问如果工厂发生火灾你会怎么办？中国企业家说：我马上组织工人抢救，国家的财产一分都不能损失；而美国企业家却说：我要让所有的工人都撤退，烧就让它烧了，保险公司会赔偿的，没有什么比人的生命更重要。人的生命不能用其他的物质来代替，也不能用其他的人来代替，它具有唯一性、不可替代性。这么一来，我们就要审问教育审问教材。我们教材里像《倔强的小红军》这一类的课文可能都是有问题的，我们老师在教育的过程中，让孩子在学习一篇一篇此类的课文后形成的对生命的认识实在让人担心。所以我想，生命化教育第一要义就是要培养对生命的珍爱。前不久我看到一个资料，非常感慨，说的是联合国教科文组织有一个《动物福利宪章》，我们现在对生命的关爱不仅仅是对人这一生命体的关爱，还包括对动物、对自然万物都要充满关爱。《动物福利宪章》提出动物享有五大自由：第一，不受饥渴的自由；第二，生命舒适的自由；第三，不受痛苦、伤害和疾病威胁的自由；第四，生活无恐惧的自由，这一点太重要了。我在新村里经常听到有些也是受过教育的母亲对她的孩子说：你再不乖，我把你送人了。这就是让孩子从小生活在恐惧之中，动物都应该拥有"生活无恐惧"的自由，更何况人？我一个朋友的邻居家里养了一只哈巴狗，但这位老兄对待宠物的方法既不人道，也不"兽道"。上班时哈巴狗关在家里，回来后发现哈巴狗在房间里拉屎拉尿，你猜他怎么对付它？打是不能解决的，也不算太"残酷"，他把狗放在阳台的栏杆上，下面是6层楼。可怜的小狗哆哆嗦嗦，连叫都不敢叫，后来这只狗不但不敢随地大小便，而且每次大小便都会有障碍。我想，要说残酷，没有什么动物比人更残酷。昨天吃饭的时候，进修学校校长说他孩子小时候很皮，为惩罚孩子他让孩子跪在两个哑铃上，现在真是后悔极了。《动物福利宪章》最后一点，是表达天性的自由。什么叫表达天性？动物要歌唱就让它歌唱，要乱叫了就让它乱叫，不能按照人的方式要求它。

我还看过一个资料。一批乌克兰的猪运到了法国巴黎，长途跋涉60多个小时，但运到巴黎后被有关部门给

教师是教育变革最重要的力量，而不是变革的困难。把培训工作看作是对教师的"洗脑"，暴露了某些人的无知、粗暴、文化专断和"先知"情结。

《教育的十字路口》

退回去了，理由是什么？在长途运输过程中，你始终没有让猪得到应有的休息，这是非常不人道的，我不能接受你这批猪。我看了心里有点震动，我们可能就没有这种精神。我前阵子在新浪网上看到一个报道，很多网民认为当街杀狗、宰狗太不人道。广东人吃猴脑，一个活生生的猴，塞在桌子的窟窿里面把头敲开吃猴脑，这能有人道吗？我们运鸭子都是倒过来运的，可以想象鸭子之难受。有的人给动物灌水，把猪运到屠宰场，把水管塞到嘴巴里，猪变得滚圆滚圆的。我有时候想，我们民族功利化的程度，包括做人的自觉状态的下降……像我们有一些商人说的：只有想不到，没有做不到。只要想得到的都敢做，这样的民族是危险的。缺乏敬畏感，缺乏一种理性，这个民族可以说还处于未开化、半野蛮的状态。我们说的生命化教育理念，实际上就是让我们有更多对生命的警觉、对生命的尊重。这不仅仅是课堂上，还应该延伸到课外，不仅要给孩子尊重生命的知识，还要引导孩子有对生命尊重的行为。我想对一个教育理念不知道和知道是不一样的，当你意识到这一点时，可能离你做到这一点就很近了。我们原来可能都处于一种无知无觉的状态，很少会想到动物的福利、人的尊严，所以我们在对待动物上就会有很多很糟糕、很不人道的、很野蛮的行为，这是轻而易举就做出来的。对教育而言，重新给人上一堂珍爱生命、尊重生命的课，补这一课，可以说是"亡羊补牢，未为晚矣"。

第二层，所谓的对更健全的生命的成全，是要让每一个人都有过更有尊严的生活的意识。可能我们可以很屈辱地活着、很悲惨地活着，在一种不适合人生存的环境中也可以活着，但是我们怎么让人过更有尊严的生活呢？在这一点上，教育就比较重要了。教育可以引导孩子形成过更有尊严的生活的意识。今天我们的教育往往还离不开各种体罚，有时候会把孩子赶出教室，有时候还会用污辱性的语言来打击孩子的自尊心，这种事屡见不鲜。

　　我前阵子去参加了孩子的家长会，感触良多。校长，副校长，各科教师，在两个多小时的家长会中，几乎没有一个人提到今天的孩子有什么比我们更可贵、更美好、更让人惊喜的地方，一个晚上谈的都是今天的孩子又自私、又懒、又皮、又幼稚。昨天我跟仙游的校长说，所有的老师都应该认识到班上的孩子都可能比自己有更光明的前程，这是一定要意识到的。因为我们大多数人都生活在比今天的学生更大的局限之中，一个更文明更开放更自由的社会教育出来的孩子会更糟糕？那是不可能的。我们要有一个意识：这些孩子的未来会比我们更美好，我们要做什么呢？你别看这些孩子有这样那样的所谓不足，你更需要看到的是他有什么比我们更好的地方。比如说：几乎所有的孩子都比我们更善良，比我们更纯洁，比我们更少坏心眼。你要意识到这就是社会进步、文明进化的一种表现。我们每天跟这些善良、纯洁的孩子在一起，这是上天对我们的馈赠，我们再也找不到另外一种职业能够和这么多善良的人在一起，这可以说是一种福利，也可以说是我们劳动付出后的回报。如果我们有这样一种意识，可能我们看儿童的眼神、目光，我们评价的方式就会发生变化。

我也不知道能对教育说些什么，反正是最大限度说些自己想说的话——这是我的经历，我的体验，我的感悟，我的发现，如果你爱听，我很高兴，如果你不喜欢，我实在也没有办法——教育关乎一个民族未来的可能性，我即使未必胸怀大志，但生活其间，就值得大声说出自己深深感受到的一切。实际上我愿意自己是个发言者。

《教育的十字路口》

　　我编《福建论坛·社科教育版》，看了许多老师的故事，都很受感动，经常为老师在课堂中的发现以及人性中质朴的一面动容。人与人之间要维系这种良好关系，人与人之间对社会的发展充满了期待，这就是内在地拥有了生命之光，拥有了美好的、人性的光芒在灵魂深处，我们就可能对未来对学生更有信心，教育就是要让人过这样有意义的生活。前天，电视台的一个记者电话采访我，他问我一个问题：现在有一些学校——特别是中学，对学生的考试成绩进行排队，你说这是利大于弊，还是弊大于利。我说你的问题大谬不然，什么叫利大于弊，还是弊大于利。我们所谓的"辩证法"真是把人"辩"蠢，比如把一个人打两个耳光，这是利大于弊还是弊大于利，这是你不能做的，哪怕会有成效。一个学生迟到，我揍他两耳光，他感到非常屈辱，明天就不会迟到了，这是有效果的，但这是教育能做的吗？虽然有成效，但不能做，因为你剥夺了人的尊严，伤害了生命。所以，教育不能追求立竿见影的效果，"立竿见影"的背后可能就是反教育的行为，所有反教育的行为都立竿见影。你不做作业，我把你赶出教室，有没有效果？有效果！但是不能这么做。

　　有一所学校，每次考试考完，全年段排队，然后下次考试你就按自己的名次进入相应的班级。这种事情多糟糕！你怎么让孩子在学校过有尊严的生活，你怎么让孩子在学校里感觉到做人的尊严，获得最基本的安全感，包括对老师的信任、对同学的信任？每次考试，我们彼此都是竞争对手，平时感情很好，但每次考完试你总是高高在上，我总是处在很屈辱的位置，这样就会培养出坏心眼。我们中国人的坏心眼是很多的。我有时坐出租车感触就很深。现在开车新手很多，占道了，出租车很艰难地开到他前面，一到前面就胡乱开，就希望后面的车碰车，这真是可怕的坏心眼。有一次，我从厦门到莆田，一辆大卡车老是在前面快车道占道而行，我们好不容易开到前面去，教育局的驾驶员把窗户打开骂他，骂什么？都是诅咒。他是犯错了，但你不能以其人之道还治其人之身，不能以怨报怨呀，这样社会怎么进步呢？所谓"过更有尊严的生活"，实际上是对人美好的引导，让孩子感觉到做人的尊严，感觉到做人的价值，他同时也希望他周围的同伴、朋友也同样过有尊严的生活。

第三，要引导人对更美好的未来充满期待。现在有很多的孩子对未来失去了信心。东北师范大学一个课题组曾作过一个调查，不少农村初中辍学率超过 40%，这是一个很可怕的数字。为什么辍学呢？调查结果显示，不仅仅因为贫困。实际上孩子在学校不断地丧失尊严，认为就是读完初中也没有任何意义，与其这样，不如早一点辍学，早一点走上社会。在学校里没有尊严，可能在社会上还有某种尊严，在学校里得不到良好的评价，在社会上如果学了一门手艺的话，还能证明自己的价值。这学期，我老家实验中学初中的一个孩子在教室里面一边看电视，一边喝农药自杀了，她的遗书里有一句话让人看了心碎，就是"要是我不上学那就好了"。真需要对教育有更多的警惕和审问，如果失去了基于人性的谨慎和边界意识，教育就免不了要包裹上深深的罪感，有时我们工作就处于危险的边缘。教育最大的意义，应该在于让每一个受教育者对未来更有信心，而一个人能不能对未来充满信心，关键在于我们能不能给予他正面的刺激，能不能不断地让他相信自己。实际上，生活在什么样的环境、氛围里可能就决定了你的未来，按照我们的表述，就是"童年决定你的未来"、"童年塑造你的未来"。

今天，很多人的生活习性、习惯，待人接物的方式，对待生活的态度，仔细去辨析一下，都和童年有很大的关系。有一天，我碰到一个大学同学，我说：几年没见，你怎么养得这么胖呢！他说：从小父母就说，吃饭不能剩，每一口都必须吃下去，现在都四十几岁，还一直保留这个习惯，实在吃不下了还要吃，不吃胖才怪呢！中国人为什么迅速胖起来，胖的速度是全世界第一，我同学提到了——我们对食物都充满了渴望。我昨天还嘲笑我们研究所的一个女孩子说：小猪有一点比我们聪明，它吃饱了就不吃了，人不一样，要撑着才行。就教育质量而言，高的生活质量就意味着你对未来有一个更辽阔的视野和期待，这点很重要。我们刊物曾经登过一篇文章，说"六一节"时电视台到山区的一所学校采访，问孩子们长大了想干什么，有一个孩子怎么都不肯回答，老师不断地鼓励她，最后孩子说了一句话让老师羞愧难当，她说长大了想出去替人家洗头。后来问她怎么会有这样的想法，孩子说她每次考试都很差，回家爸爸对她说：你学得这么差，长大只能替人家洗头。山区的很多女孩子长大以后都是出去给人家

洗头的，她怎么能对生活有更高的期望呢？对教育而言，
教师要做的是这样的工作——他会鼓励孩子了解自身的环
境、家庭的背景、面临的困难、自己的性情与期待；他会
鼓励孩子不断激起生活的勇气，唤醒孩子内在的生命力
量；他会克服种种的阻力与困难去创造一个能够帮助孩子
瞭望未来，渴望更好的生活的环境。他们的工作一定充满
艰辛，但细致、耐心和慈爱赋予他更多的激情与智慧。生
命化教育就是给人温情期待的教育。

在这样一个价值
混乱、教育目标极其
窄化的时代，爱孩
子、坚定地站在孩子
身后，竭尽全力让孩
子的童年能过得更为
幸福、美好，又是一
件多么困难的事！

《幻想之眼》

　　我们课题的一些实验老师去参加比赛，说实在的，我
们一方面希望他能取得成绩，这些成绩对他的劳动，对他
的追求也是一种回报。但更重要的是，你一定要表现出自
己，你要把自己的课堂追求充分地展示出来，你要把你对
儿童的关爱在实践过程中具体地、细节化地体现出来，也
许在某种程度上可以说你就能活得更纯粹一些——你所考
虑的并不仅仅是什么名次，而是作为一个人更自然、更丰
富、更有责任感的生活。

　　我一直有这样的观点，教师的尊严更重要的是应该在
课堂中去获取，而不是"功夫在诗外"。一个人要用自己
内在的生命力量打动人心，这才是最好的纪律。你毫无魅
力，纪律再森严有什么用呢？我邻居的孩子现在读高中，
他说读初二时上物理课乱糟糟的，物理教师非常生气，就
把班主任请来整整骂了一节课。第二天又上物理课，所有
的孩子都毫无表情，不声不响，很冷漠地看着老师，他既
恐惧又恼怒，又把班主任叫来再骂了一顿。这个老师可以
说是一个非常失败的老师，即便你有特级教师的头衔，你

也是毫无尊严的。我们要赢得尊严需要用我们的爱心，用我们专业的智慧度，对孩子的引领也是要在这些方面去引领。我想，一个多元的、更注重人的价值的社会，它一定是关注人的自身的独特性的。而每一个人正是以自己的独特性，自己的创造才能在未来的社会赢取自己应有的地位和财富。我们教育做的工作，按钱理群先生的观点就是"为人的精神打底"；按朱小蔓女士的观点就是"教育为人的一生奠基"；按我们生命化教育的表达来说，就是要对更健全的生命做成全性的工作，让他从这里开始迈向更美好的未来，这就是生命化教育。

有一部苏联的小说叫"一日长于百年"，这当然是夸张的说法。我想对每个老师来说，坐在这里听课，一天也是很长的，每次到永春师范给泉州的骨干教师讲课，精神都比较放松。我觉得讲课需要一种氛围，这里的环境比较适合讲课，教室让人也感到比较舒适，跟大家面对面，也比较近，各种条件都很好。按叶澜老师的观点：教室的物理环境比较好，心态也就比较从容。刚才一个多小时下来，还没有老师打瞌睡，即使有一两个人打瞌睡也是很正常的，说明他确实疲劳了，如果有三分之二的人打瞌睡，我就得卷铺盖了，说明我的课实在太糟糕了。我讲课，特别是到永春师范来，我很少用多媒体，因为我想把我最近思考的问题跟大家交流。就像刚才一位老师说的，你是不是一边讲课一边思考，确实是这样。因为我没有完整的讲稿，我总是希望和大家面对面的谈话中捕捉头脑中快速生成的"影像"，甚至是不太完整的对某个问题的理解。在我看来，课堂也应该是这样的。思考要细致，方案则可以简要，这样才能使课堂有更多的生成性的东西。你思考得很细，方案很具体，就会老想着自己还有更精彩的东西没讲，可能你关注的中心就会从学生转向教案的完成，就容易从对学生个体的关注转成对课堂教学设计的执行。

大家可能看过今年《福建论坛·社科教育版》七八期合刊，有一篇实录文章是泉州王妤娜老师整理的我临时状态下上的一堂课，我跟孩子们说，我进课堂之前都不知道讲什么，我需要在和你们交流的过程中才知道讲什么。我不知道讲什么不等于我对这篇课文没有我的理解，但是我对学生的理解度、学生的兴奋点、学生的疑难问题不清楚，这些是需要在教学过程中去发现的。所以我觉得教学要有一种每一次都是第一次面对的心态。按冰心老人的话就是"初念"，什么意思呢？就是每一次相遇都如同是第一次，而每一次相遇留下的痕迹都是不可预设的。课堂也是这样，你对孩子要有一个期待，今天的孩子可能不同于昨天的孩子；对自己要有一个期待，今天的我跟昨天的我不一样。这样的相遇才能让课堂充满可能性，充满创造性的冲动，这样你作为一个教师就是一个好教师，你就一直葆有这种兴奋感，这种表现欲，这种对课堂魅力的向往。我想对于绝大多数老师来说，教好你的课的难处不在于你知识上有什么缺陷，而主要在于你对课堂有没有期待，你在进入课堂之前有没有兴奋感。钱理群教授说每次上课都像赴一次重要的约会一样。我想我们一生中总有一些比较重要的约会，如果用那种心情来上课，我们一定会上出很

我们的文化仍处于衰败之中，这种衰败的重要标志就是千人一面，万口一辞，套路盛行，处处都是文化掮客、庸才和形形色色应声虫的身影。也许只有远离"强势媒体"、"主流文化"，目光向下，把生命的重心收回自身，我们才能保持警觉、活力和责任感。

《教育的十字路口》

美妙的课来。暑假我到仙游讲课的时候，福州的郑熔虹老师对课堂有一句很美妙的表达，我也想和大家一起来分享——"用最初的心做永远的事"。她是刚结婚没几天就去那边上课，有的老师问她新婚和新课程有什么相同之处，她说相同之处就是用"用最初的心做永远的事"。说得很美妙。

我们现在谈第二个问题：生命化教育是随顺人的生命自然的教育。也就是说要珍视生命中潜在的可能性，发掘人独特的禀赋，去培植它、成全它，但是对你生命中不存在的能力你不要抱奢望。黄克剑教授对这个问题说得很有意思，他打了一个比方：人都有游泳的天赋，但不等于说人生下来就有本能的天赋，但只要有适度的教育培养，你就能形成游泳的能力。有些小孩很小就会游泳，游得很好，但如果不去培养，我想有的人可能一辈子都是旱鸭子。你不具备不等于你没有禀赋，只要你去尝试，你就会具备，但有一些资质是你不具备的，你怎么培养都不会有的。比如说人不借助于工具在空气中飞翔，这是不可能的，你怎么培养都不可能培养出来。所以我对教育有一个理解：勤未必能补拙，扬长远胜于避短。要把人的禀赋中属于你个人的、别人不可替代的、有你独特性的、"内在而真实的力量"培育出来，这就是教育的功劳。按照哲学的表达就是"随顺人的禀赋"。

美国教育学者加德纳的"多元智能"理论，虽然有人对他提出质疑，说孔夫子早就提出"六艺"，但孔夫子提出的"六艺"跟加德纳的"多元智能"实际上不是一回

事。孔夫子提出的"六艺"更重要的是指人有六个方面的
素养，你要加以培养。加德纳更强调的是人内在地具备了
多方面的智能，这是人的禀赋中的独特性。具体地说，有
的人是语言天才，有的人可能数学方面非常优秀，有的人
可能音乐方面很有智慧。我们有的孩子节奏感特别好，非
常善于模仿，一学就会。而有的人可能五音不全，一辈子
都五音不全。曾经有人告诉我：你唱歌就是节奏感差了
点。这不是我不努力，而是我可能天生地缺少"节奏感"。
像达·芬奇那样的全才，那样的文学、艺术、科技方面的
巨人，今天越来越少了。人往往在某一个领域里是有独特
性的，教育就是要去发现这个独特之处，要去肯定他的独
特性，这个人才可能对自己有信心。人按照内心的蓝图而

生活，心灵的发现之旅是很美妙的。按马克斯·范梅南的说法：人的很多禀赋都是被他人所发现的，你自己不一定能意识到，一旦被别人发现了就变成了这个人的特性，这个人的优势所在。人如果能把他的优势发挥到极致，他就是一个拥有巨大的、别人不可替代的能力的人。教育的真正意义也许就是通过他人的引导、帮助、提醒，使我们获得自我了解和生命的觉醒，整个生活汇聚于我们每个人的身心，我们因而可能变得更为自由而完整。

随顺人的禀赋对教育有什么意味呢？

第一点，要树立一个乐观的学生观。你看到他现在文化课不行，你怎么能藉此就说他长大后也不行？他的未来可能会让你震惊！他弱智、笨蛋、定然没有出息，但他可能在其他领域有出息。比如中国现在上榜的亿万富翁，60％是小学毕业。从数理化成绩上来说，他们肯定都是差生。谁有资格裁决一个人的未来呢？对人过早下判断的教育是不幸的。契诃夫有一句很启人心智的话："由于气候、智力、精力、趣味、年龄、视力等方面的差异，人的平等是永远不可能的。所以不平等应该认作颠扑不破的自然规律。但是我们可以把这不平等变得不易觉察，就像我们把雨或熊中间的差异抹平了。在这方面，文化和教育能起很大的作用。有个学者就能让一只猫，一只老鼠，一头鹰，一只麻雀，一齐凑在一个碟子上吃东西。"教育可能要做的事就是承认差异，承认不平等，更多地给予人理解和期待，教育不是只给人一条路，而是要开启尽可能多的方向，让每个人都得到光亮，都相信能得到自己的光亮。一方面我们要树立乐观的人的发展观，随顺人的禀赋，不轻易地下判断，不轻言放弃，另一方面还要在教育的方法、技艺上下功夫，我说的无非是好的理念还要有相配称的表现方式，教育总是需要经验，妥当的技巧，洞察力，专业素养，热情。我们以自己创造性的工作表达出了对学生的信任和期待，也表达出相信每个人都有更美好未来的信心。

今天教育最大的问题是投入严重不足，严重不足甚至成了农村人口素质低下的重要因素。恕我直言，这些年来我们的教育方针、政策，80%是错误的，或是值得审问的。新课程强调为了每一个学生的发展，每一个人的发展一定是个性化、自主性的发展，但没有相应的配套条件谈发展是一句空话。现在很多地方，义务教育连底线都保不住。很多农村学校的条件实在太差了。

我到过很多学校，特别是到农村学校，我发现拖课现象非常严重。下课了，在操场上奔跑、活动的孩子很少。最好孩子都老老实实呆在教室里。造成这一现象的原因很多。我侄女上一年级，我回老家时和她聊天，让她说说学校的情况。她说她的班级有71个人。我听了很难过。我就问她："71个人怎么走出去啊？"她说："老师让我们走出去的时候一定要手拉着手，这样才能够走出去。"在这样的环境里，孩子在各种约束下就会变得很安静。在座的校长可能也都喜欢孩子们乖乖的、安安静静的吧。因为只有这样才不会出事故，安全压倒一切。但随顺人的自然是需要创造一定的条件的。比如我们办的教育这么多年，有

无题（十五）

我总是想到我还能
　　写诗
我的笔触已经变得很
　　轻逸
我要的不是完整的
　　生活
一个片断，低声的
　　感触
活着大于任何意义
那么你的身体就得到
　　了安抚

一趟慢车，左右晃动
影响着对河流粗略的
　　观察
河流也在前行，山
　　更青
你想到昨天你用力
　　讲课
前倾着的头要靠近自
　　己的表达

不希望死得太早
我藏起一部分的心灵
我说的也可能就是一
　　个器官
对世界的触摸。而
　　这时
闪亮的水域变得更为
　　宽阔
我还在它的边上

《教育法》、《未成年人保护法》，但是就没有《学校法》。其实这个法也很重要，比如我们就从来没有规定过班级人数是多少。有些班级是超级班级，有七十多人、八十多人，我听到的最大的一个班级是 120 个人，这怎么上课呢。没有《学校法》，有时候就会无法可依。在这样的办学条件下谈什么人的自然禀赋、天性的良好发挥？其实唯有小型学校、小型班级才有助于造就完整的个人。当然，有很多老师会说："张老师你说了半天，我们还是做不到。"这确实不是靠教师的努力能办到的，但是做不到不等于不具备可能性。我们意识到这个问题了，可能就是行动的开始，有所意识就能够有所行动。我们既要想大问题又要做小事情，在我们生命化教育课题实验学校里面，泉州第二实验小学就有很多细节非常感人。比如校门口放着两排椅子，校长说这样可以让家长在接孩子的时候坐着休息。学校里面很多树下都放有凳子，孩子在课间也能够坐着休息。这些微妙的设置就很能打动人心。它的背后也就是我们要来重新规划教育了，我们既能够有所思想，也能够有所行动。

很多时候我们缺乏一种悠闲的心态，缺少闲心。湖南师大刘铁芳教授在我编的刊物上曾经发表过一篇文章，吁请大家和孩子一起在树底下坐一会儿，一起聊聊天。有几个老师能在课间和孩子在树底下说说话的？我们课间都忙于在办公室改作业。人一旦缺少闲心就浪漫不起来了，自然也漠视了学生还有什么需要，老师们真是太忙了。因此有人说：只有贵族才有爱情。为什么？因为他有闲心来培植爱情，有闲心来慢慢发现对方所有的美，声色性情之美，人性之美。如果一个人一天到晚都忙忙碌碌的，他的生活肯定也是很粗糙的。林语堂有一篇文章，我们刊物上也曾经登过，他说人只有躺在床铺上，衣服脱了，鞋子脱了，袜子脱了，手脚摆放舒适，身体也舒适了，心灵才有自由。我们现在连胡思乱想的时间都没有。作业还没改，教案还没写，检查的表格还没填，一天到晚忙忙碌碌的，觉得自己好像行尸走肉一样，闲下来的时候真的很少。好像被生活放逐了一样。在座的老师有多少很久没看过电影了？今年看过 3 部电影的请举个手。——哦，有几个美丽的女孩子举手说看过 3 部电影，她们的原因可能比较特殊，她们很幸福。看电影，听音乐会，去旅游、到户外散步，包括到干净、环境幽雅的饭店吃吃饭，喝喝咖啡……其实我们都需要这些。可是我们忙得只剩下忙，没有别的东西了。我的意思是说我们要下决心让我们过得更好一点，我们要用行动来证明自己更爱自己一点。这点很重要。上次我去新疆讲课，我跟老师说了几句话："哪里有爱，哪里就是你的家；哪里有尊严，哪里就是你的归宿；哪里有鼓励，哪里就是你的起点。"我们都愿意生活在这样一个美好的环境里面，我们说随顺人的自然，也需要教师有一种细致、从容的态度去发现孩子、鼓励孩子。有时候你可能感觉真的很忙，做不到，但往往不是一定做不到。比如我刚才举的泉州第二实验小学，学校走廊处处都是琳琅满目的孩子的作品。现在有很多实验学校都在仿效。如厦门同安第一实验小学，教室里布置得非常漂亮，都是孩子各种手工作品。这才像个教室、像个孩子居住的地方。教室也应该成为孩子乐于居住的地方。在这样的环境中，会使孩子更有认同感，他会更爱学校、爱班级、爱学习、爱自己。

第二个问题，"要随顺人的善端"。我们中国人一直喜欢争论一个问题：人性本善还是本恶。其实，争论这个问题也没必要。可以这么说，在一个良好的社会里面，善良的人肯定多；在一个管理混乱、统治严苛的社会里，坏心眼的人肯定多。刚才一位老师说他学校门口经常发生学生抢劫。我开玩笑说，你们的校长管理绝对有问题。不是说人天性爱抢劫，有谁天性爱抢劫，有谁天性看别人好就想上去端他一脚，没有这样的人，而是要看你生活在什么环境里。前几天，我们研究所的一个小伙子去我家里修电脑，我请他吃水果，请他喝水。他走后我就跟我太太说："我看这个小伙子的一些细节就知道他受过好的教育。"我给他水喝，他说谢谢就喝了；给他水果，他也说谢谢就吃了。别看这只是细节，我从小父母就不是这么教育我的。我小时候妈妈总是跟我说去别人家里千万不要吃人家东西，不然人家以为你家里什么都没得吃。我现在到别人家里，人家请我吃水果，我往往仍会不自觉地说："不客气，我刚刚吃过。"有很多的习惯看上去是一个细节，但进一步分析是教育有问题。所以，好的教育要随顺人的善端，让人的好的特性、人潜在的好的可能性发挥出来。

我孩子跟我说她班上有一个纪律委员特别可怕。我说这个纪律委员的职务一旦设置，它就一定是可怕的。为什么？因为他的工作就是按照老师布置的任务，把班上做小动作的人记下来，然后向老师汇报。其实，对这个孩子来说也是很不幸的，他在不知不觉中养成了打小报告、当告密者的习性，以后动不动就想当告密者，喜欢打小报告。我们教育中的方方面面的用心，想要追求的目标，往往都不是随顺人的善端，而是把人的不足、人潜在的坏的一面给挖掘出来了，还得到不当的鼓励与肯定。我孩子一年级的时候，她的班主任就在班上设置一个职务，我说是世界上最小的职务，我没看到比这更小的——一桌两个人中设一个桌长，还有比这更小的职务吗？可以申请吉尼斯世界纪录了。多糟糕呀！我们在管人、制约人、惩罚人方面很有创造力，"管理主义"盛行，是一个"有罪推断"，首先就是：我不管你，你可能就是一个坏人，我不抓得严，你就会出纰漏。我们现在的管理很多方面都是这种情况。我有一个从加拿大留学回来的朋友对我说了一件事，我听了很感动。他在加拿大租了房子，装了电话，他要离开时打电话到电话局说："我要离开此地，你能不能来收电话费？"电话公司说："不行，我们一年只收一次电话费，现在还没到时间，你到新的地方再告诉我们地址。"我同学说："不行，我要回中国了。"电话公司说："你回中国不要紧，你到时候照样也可以交钱。"他们首先相信你是一个正直的人，是一个能对自己的行为后果承担责任的人，你绝对不会为这一笔的电话费背上一个恶名，增加一个污点，这是他们的管理中基本的价值判断。

博友聚会时介绍到场的老师

我昨天过来的时候，半路上移动公司通知我："尊敬的客户，你的手机已经欠费，于2004年12月13日6点05分开始停机，如果你不去交费的话就……"我在路上没办法。有人发来短信我也没办法回，我们移动电话管理部门都是像防小偷一样防客户的，只希望你多交钱，多交钱也不会给你利息，一旦欠费马上给你停机。这在管理理念上就是不一样。所以，"随顺人的善端"里有一种对人性善的期待。

我再举一个泉州的例子。我们现在很多学校图书馆管理都是很严的，借书要先登记，专门有一个图书管理员来管理，因为怕孩子偷书。泉州第二实验小学的图书馆是开放的图书走廊，没有管理员，都是学生看完书自己放上去。这么多年了，只是开始的时候丢失过一两本书，后来基本上没丢过。这就是相信人、期待人、鼓励人所创造的一个美好景观。我想，我们的老师在和孩子的相处过程中，要有更强的"随顺人的善端"的意识，鼓励人走正道。虽然走正道是很困难的一件事情，但还是要鼓励人走正道，同时还要创造条件让更多人的人愿意走正道、有机会走正道。这样，我们的社会才能通过一代一代人的努力变得更美好一些。说实在的，我们今天的社会已经很糟糕了，我们对人缺乏最基本的信任感，甚至也不指望社会还会变好。

我昨天上午从办公大楼走出来，看到一个情景很有感触：一个很漂亮的女孩子向一个女士问路，结果那位女士根本就连看都不看她一眼继续走路。人与人之间不但没有信任，而且还充满了戒心和敌意。我在福州也经常有这种感觉，你在街上走着，突然有一个向你靠近，你都会很紧张。我们都生活在一个很不安全的环境里面，给人性正常生长的空间是很狭窄的。我觉得在这种的格局中，教育更需要承担一种责任。当然有人会认为，社会这么个状况，都教孩子善性，孩子到社会上不能适应，会经常受骗。这是我们常有的一种观点。但我不这么看，我觉得人在童年的时候得到好的培育，当他真正成长后就会有更好的抗挫折、抗危险的能力。这就像一棵大树一样，如果在童年的时候培植得好，当它长成大树了，台风、暴雨、冰霜就都很难摧毁它。但是如果在童年阶段就不断让它受到各种不当的刺激，受挫折，树就很难长得好。还有一点，现在社会上比较边缘化的、铤而走险的人往往都是在家庭里得不到温暖，在童年得不到安慰的人，而出身于良好家庭而走上犯罪道路的人是很少的，犯罪常常是和文盲、学业失败、家庭生活失败更为紧密地联系在一起，所以我们要打造一个人性化的校园，打造一个生命化的课堂，也许从这里走出去的孩子以后的生活可能会更好一点。

第三个问题是，生命化教育是随顺人的生命自然的教育，应该把人从自然状态引导到应然。从自然状态引导到

以我有限的学识和遭遇所获得的判断，我厌恶"轰轰烈烈"的教育，那不是教育。一切"轰轰烈烈"背后都充满了露骨的功利取向，都可能导致对教育的扭曲。

《教育的十字路口》

应然状态，这话怎么讲呢？童年的时候，饿了会哭，吃饱了就睡，要小便了就随地拉出来，这可以说是自然状态。但你不能简单地说自然的状态就是人最好的状态，自然可能是不美好的，有时候自然、尽性尽情很可能是不文雅的。你走在大街上，突然大声喊起来是很恐怖的。你看电影、听音乐会时大声地咳嗽，这很自然，但很不文明。所以，还要从自然状态引导到应然状态。所谓的应然状态就是应该如此，这就包含着更美好、更高尚的某种需求与祈向。

黄克剑先生经常提到的一个教育目标就是：人的道德的自我完善，心灵的自我督责，人格的自我提升，境界的自我超越。这是教育的终极取向，所谓应然它就表达出了这样的教育的信念，从浅表层次上说，我们常常说教育最重要的工作是要养成各种良好的习惯，这种习惯会影响人的一生。我看电影，经常有这种感觉，福州人看电影和上海人不同。我大学是在上海读的，上海人看电影迟到的人非常少，福州人看电影不迟到的人非常少。我跟我孩子说，你看电影至少要提前10分钟坐在你的位子上，安安静静地等待，你就有一种非常从容的欣赏电影的心情，而不是等到灯都暗了，慌慌张张进去。片头看不到，是谁主演的也不知道就急急忙忙地坐下来，身上的热气还没消，电影就看完了。我还跟我孩子说，你看完电影一定要耐心地坐在位子上，等所有的音乐都放完了你再走，你就会知道《泰坦尼克号》的片尾曲是《我心依旧》。我一个朋友说他看了两次都没听到这首歌，我说："放这首歌的时候你早就到街上去了。"文明的培植是从细节开始的，文明建立在细节之上，细节是很可怕的。从细节中可以看出她的生活、工作，包括对生命的用心。人生是需要自我经营的，这种"经营"也可以看作——按肖川博士的观点，教育就是做两个工作，一个是价值引导，一个是自主建构。所谓的由自然引导到应然，就是一个价值引导，就是用更美好的、更理想的社会图景去引导人向善，"人心皆有善"，"向善之心"、"向学之心"会让孩子的一生成长得更好，在他的一生中都可以看到良好的教育所给予他的深远的影响。

第四个问题就是用自然、恰当的方式来成全人的禀赋。教育方式是多种多样的，禅宗里既强调棒喝也强调渐悟，佛教还强调禅修。教育有时候也需要婆婆妈妈，絮絮叨叨，非常有耐心。丰子恺写过一篇文章回忆他的老师李叔同，他说他们读书的时候都不怕夏丏尊，但都很怕李叔同。为什么呢？学生犯错误了，李叔同非常有耐心，经常是低声下气、和颜悦色……这个低声下气里也充满了教育的意味。学生被他教育一次以后再也不会犯第二次错误了，因为一想到老师的"低声下气"就感到羞愧。教育有很多方法，但不是每一个方法都能适应所有的人，没有包治百病的药。对症下药、因材施教作为教育的理念，不是轻易就能做到的。我们教师要有这种警醒，我的方法是不是对他很合适，有时候有些孩子需要棒喝，有的甚至要饿其体肤，给他比较严厉一点的方式，但有一些孩子你用一根指头伤他一下他都受不了，所以要用不同的方式。在这个问题上，我们更要谨慎、更要有耐心，同时要灵活地运用方法。

我曾经讲过一个这样的案例。我在同安第一实验小学，听过一个"惩罚"的故事，学生不交作业教师要惩罚他。怎么惩罚呢？惩罚他唱歌，不交作业就在班上唱一首歌。唱了一段时间后孩子就没有不交作业的了。后来我在翔安马巷中心小学讲到这个案例。讲完后，过了一个星期，一个老师给我发了一封邮件，说班上原来有六七个不交作业的，罚唱歌以后就变成了 15 个不交作业的。有的学生还提出来，今后不做作业就唱歌好不好？你的教育环境不一样，孩子家庭环境不一样，学生自我期待不一样，怎么能用一个方法来教呢？所以，教师要多动脑筋，多想办法。所谓教育的智慧都是教育计划之外的东西，你能够计划好的都不是智慧。最重要的是在课堂上你有没有耐心，有没有丰厚的专业素养，能够在各种情景中想出独到的恰当的办法。你可能想不出最好的办法，但一定要考虑想出办法是否可能是最不坏的，这也很了不起。我们生命化教育也讲方法，强调方法的多样性。它不是简单地说一定要用什么方法才能够称得上生命化教育。方法的前提是你是否真正地

听到了什么？

热爱你的学生，你是不是考虑这个方法对学生来说是最不坏、最恰当、最妥帖的，你需要不断改进你教育的意识，这样你自身的智慧也就发展了，你就变成一个无论遇到什么情景、无论遇到什么样的学生都能从容不迫、应对自如、引导巧妙的人。这是我谈的生命化教育的第二个大问题——随顺人的生命自然。

第三个大问题，生命化教育也是个性化的教育。所谓个性化，它首先强调的是每一个生命个体都是不可替代的，是潜在的能够成为独一无二的艺术品。世界万物，没有一棵树与其他树完全相似，没有一个人跟另外一个人完全相同。这实际上是说对教育谈针对性是很难的一件事。柏拉图说"美是难的"，教育也是一件困难的事。首先要知道每一个个体自身都是独一无二的，因此真正的个性化的教育要从这个前提出发，在每一个人的身上找到最佳的突破口。所谓的个性其实是一个创造性的集成。我们的教育太强调共性了，太强调千人一面，太强调统一标准，所以有个性的人往往出不来，我们在创造力方面都很低下，对成为有个性的人也缺乏自我期待。这方面我的感慨特别深。举个例子：我们去厦门，一过集美大桥，路旁有很多人举着牌子写着"带路"。为什么要带路？因为厦门岛设置的道路就像迷宫一样，没带路的你可能就进不去。你不能创造出更符合人的思维特征、更符合人的认路方式的道路设计，这就是一个问题。我那次到中央电视台做节目，半夜回来要到东山去，结果在厦门集美杏林那个地方想上高速公路，整整转了一个多小时都转不出来。我们很多道

也许需要关注的总是更为具体的教育，琐碎的，细致与费神的每日教育，我们的目光总是要转向对一个个儿童的注视与询问，转向对一个个教师的观察与交流。我愿意自己是目光短浅的人。我也变得越来越不善于掩饰自己的情感。我愿意自己暴露在外。

《教育的十字路口》

路设计都是这样的。我们中国人有一个能力很强——模仿能力非常强。世界上再美的东西我们很快都能"克隆"它，但是创造力很差。在今天这个强调知识产权的社会里面，创造力很重要。我们电脑用的芯片都有微软的知识产权，而我们真正有知识产权的东西非常少，这样你就只能进行加工，收取加工费。创造力低下已经变成一个民族发展滞后的非常重要的原因之一，这跟我们的教育过于强调共性，使每一个个体很难有一个通道去发展自己的个性有很大的关系。真正的创造是个性化的，有时候它是无迹可循的，是不可规范的，有时候甚至是你不可期待的，你不知道他的创造力什么时候爆发。所以，创造力低下跟我们评估管理机制体系有很大关系，包括我们的新课程，仍然会遇到这个瓶颈。

我昨天和一些老师谈到一个问题，在福州我经常走路上班，感触很深。道路破破烂烂、坑坑洼洼，雨天就积水，晴天就灰尘扑面，让这个城市变得非常丑陋、平庸。有时候我真为自己一辈子生活在这里感到很屈辱，感慨自己很没出息，一辈子走不出福州城，可能大家都有类似的感触。我就经常想，我们有没有能力把这个路修好呢？完全有能力，但这需要一个更好的体制，我们现在都说反腐败，腐败当然要反，但集权可以说是最大的腐败，因为个人的声音变得没有任何意义，每一个人的创造力都受抑制。我昨天还跟出租车司机开玩笑：台北市市长马英九对道路熟悉到我们无法想象的地步，如果福州的哪个市长能知道从福州火车站出来到第一个公交车站有多少米，那他就是一个伟大的市长。为什么马英九能做到这一点？因为他不知道下次还是不是他当市长了。用选票来决定你的去留，每一个人都能发出自己的声音，但我们就发不出来。我们的声音都是很渺小的，就像我们查了 2 000 亿的教育乱收费，但从没有谈到拖欠教师工资的有多少，教育的投入不足是多少，学校的负债情况又是怎样？没有谈，这些才是大问题。只要体制不关心，你个人关心就毫无意义，因为个人的声音很渺小。我们很多教育决策看上去很有道理，但仔细分析一下完全行不通，但还是要照常执行，最后只好逼着大家作假，我们所有的成绩都是被夸大的，我们所有的灾难都被缩小了，这就是我们的思维特征和管理逻辑。所以，强调个性化的前提是要有一个更民主、更人性、更健全的社会架构，没有这个架构要实现这种目标是很困难的。比如对教师的个性化评价，就不能仅仅注重结果注重班级平均分，光注重平均分可能是不人道的，会逼你做坏事的。为什么这么说呢？我班上有一个孩子英语学习能力有缺陷，每次都只能考 15 分，你说怎么办？本来教师可能在这个孩子身上付出了巨大的劳动，可是在这种评价体制之下，巨大的劳动就变得没有意义。前几年，经常有教师让家长做假证明说孩子智力低下，不参加评比。

　　教育的变革首先是要在制度创新上下功夫。其实没有自由也就很难有什么创造，同时我讲的个性跟创造性是联系在一起，个性决定了创造性，个性的背后同时还是对人类普遍的文化的一种继承。一个人没有继承人类的普遍文化，他是不可能有创造性的。你胸无长物，所思甚少，你的理解有偏袒，你怎么能说你的观点代表了最进步的、最有价值的观念呢？比如我小时候读书，很多教材充满了误导："美国黑孩子，天天饿肚子"，你就以为中国人过的是最幸福的生活，打开国门看一下，完全不是这样。我们今天虽然也开始强调个性，但这也离不开人类的共性。

我们加入世贸组织三年，学者们在分析加入世贸组织最大收获的时候强调了一点，我们更多的是要用人类的标准来衡量中国的事情，而不是用中国的视角来衡量世界。在教育上，用人类的标准——新课程一定是呼唤更民主、更人性的教育。我童年的时候，父母打孩子是天经地义的事情。我想，如果再像我父亲那样打孩子，可能今天跳楼、自杀的孩子要更多。因为今天的孩子把尊严看得比我们那代人重要得多。前几天，到福州师范一附小讲课，我就提醒教师，以前可以做的事情有很多现在是绝对不能做了。你教不好一个学生，只能负若干的责任，但你要是把一个孩子逼上绝路的话，就要负全部的责任。你一定要有一个很谨慎的边界意识。教师工作绝对不是万能的，教师不要承担无限的责任，我们尽到我们的责任就好了，我们尽不到的地方我们自己知道，只要对孩子有更多的关怀、更多的包容就不错了。并不是每一个孩子都能成为爱因斯坦、成为一个天才的。有些人智力就是有局限，你别小看这些天然的局限。这些局限有时是我们教师工作不能超越的障碍。我们有了这种谨慎的意识就不会操之过急，我们就能更从容一点。而且一个孩子的未来不一定就跟学业连在一起，有一些是我们所无法预想的。人既有天分，有时

**无题（十六）**

我在地面上
我上不了天堂

我不知道天堂在哪里
我从不敢朝那里凝望

我是我一天的生活
我读书，坐在一颗榕
　树下

我不知道我想要什么
我读书，我想要知道
　自己要什么

我说"上帝"
说的只是一个感叹号

我在黑暗中紧张祷告
我总是忘了在向谁说
　出内心的需要

候又靠机遇，有时候又需要特殊的环境，而这些可能都不是我们所能成全的，但有了这些意识之后，我们的教学工作就能更从容一些，就知道我们的方向所在。

个性化的教育还有一个意义在于，人类的进步往往是通过一些有天才性创造能力的人来实现的。比如说比尔·盖茨的出现，他改变了我们的生活方式，也改变了我们的交往方式，这样的天才对人类来说是一笔巨大的财富。我们的教育如果能成就这样的天才，那确实是非常了不起的事。个性化教育可能带给我们值得期待的、但又不知道什么时候能够实现的一种美妙的图景。个性化教育更强调需要宽松的、肯定人的天性的、肯定人的独特性的，以更人性化的方式来成全人的教育过程。

今天上午我讲了三个大问题，虽然我们都只能比较有限地实现，但不等于不去追求，如古人说的"虽不能至，心向往之"。其实，我们能到达的地方我们不必向往，我们的梦想总是在这处。我上次去新疆讲课，很激动。我们只知道我们国家幅员辽阔，却很少有机会去真实地体验它。我到新疆一看，实在是太大了。前阵子看一个日本老兵的一篇文章说，到中国来旅游才知道中国实在太大了，他就明白了一个道理：为什么打不败中国。因为是不可能打败中国的，这么大的国家怎么能打败呢？他感慨说要早知道这一点，我们真不该发动那场战争。当然这种见解也很可笑。我到了新疆才知道什么叫辽阔。巴音郭勒州相当于福建、江西、浙江、江苏四个省的面积，有很多地方都荒无人烟。"前不见古人，后不见来者。"我们说"大漠孤

再也无法离开这个城市了。每日就在上下班的路走来走去，不必赶着去做什么，走路变成了思维的散步，变成了对各种景致自在的观看，甚至变成了一种养生之道。我是走在路上的某一个人，我无法怀疑这一点，我每天都在很自然地衰老。

《教育的十字路口》

烟直，长河落日圆"，去看了之后才能感受得到。"向往"就是我们要去亲历、去追求，虽然可能成就很有限，但迈出第一步路就不一样了。生命化教育课题的很多实验教师都有这样的体会，开始跟老师讲这个课题会觉得很抽象，去课堂做一做，尝试一下，有了这个意识、有了这个行动之后，就会发现自己变得更有智慧、更有创造力、更有教育的信念了。

2004 年 12 月 21 日

**图书在版编目（CIP）数据**

教育是慢的艺术：张文质教育讲演录/张文质著.
—2版.—上海：华东师范大学出版社，2013.5
（大夏书系·十年经典）
ISBN 978－7－5675－0818－7

Ⅰ.①教… Ⅱ.①张… Ⅲ.①教育学—文集
Ⅳ.①G40-53

中国版本图书馆 CIP 数据核字（2013）第 131255 号

大夏书系·十年经典

# 教育是慢的艺术
## ——张文质教育讲演录（第二版）

| | |
|---|---|
| **著　者** | 张文质 |
| **项目编辑** | 吴法源　林茶居 |
| **封面设计** | 奇文云海 |
| **责任印制** | 殷艳红 |

| | |
|---|---|
| **出版发行** | 华东师范大学出版社 |
| **社　　址** | 上海市中山北路 3663 号　邮编　200062 |
| **网　　址** | www.ecnupress.com.cn |
| **电　　话** | 021－60821666　行政传真　021－62572105 |
| **客服电话** | 021－62865537 |
| **邮购电话** | 021－62869887　地址　上海市中山北路 3663 号华东师范大学校内先锋路口 |
| **网　　店** | http://hdsdcbs.tmall.com/ |

| | |
|---|---|
| **印 刷 者** | 北京密兴印刷有限公司 |
| **开　　本** | 710×980　16 开 |
| **印　　张** | 13.5 |
| **插　　页** | 2 |
| **字　　数** | 130 千字 |
| **版　　次** | 2013 年 8 月第一版 |
| **印　　次** | 2015 年 11 月第二次 |
| **书　　号** | ISBN 978－7－5675－0818－7/G·6558 |
| **定　　价** | 35.00 元 |

| | |
|---|---|
| **出 版 人** | 朱杰人 |

（如发现本版图书有印订质量问题，请寄回本社市场部调换或电话 021－62865537 联系）